数字化转型项目管理实践与创新

蔡鸿贤　胡致斌　邓　勇　编著

U0336302

机械工业出版社
CHINA MACHINE PRESS

随着数字技术与具体行业应用场景的深度融合发展，数字化转型的触角不断向各行业和各领域延伸。项目作为承载人流、物流、资金流、信息流、商流和价值流等交汇流通的核心节点，必将成为企业提升治理能力提质增效、推动产业创新发展、打造数字化生态的主战场。本书顺应数字经济时代产业转型升级、数实融合发展的新趋势新要求，注重理论结合实践，对数字化转型的项目管理应用进行系统阐述，形成颇具新时代意义的数字化转型项目管理实践模式。适合各行业中致力于企业信息化建设、数字化转型项目规划设计等方面工作的专业人士阅读。

图书在版编目（CIP）数据

数字化转型项目管理实践与创新／蔡鸿贤，胡致斌，邓勇编著. -- 北京：机械工业出版社，2024. 10.
ISBN 978-7-111-77346-7

Ⅰ. F27-39

中国国家版本馆 CIP 数据核字第 2025AD9570 号

机械工业出版社（北京市百万庄大街 22 号　邮政编码 100037）
策划编辑：张星明　　　　　　责任编辑：张星明　陈　倩
责任校对：梁　园　陈　越　　责任印制：常天培
北京机工印刷厂有限公司印刷
2025 年 2 月第 1 版第 1 次印刷
170mm×242mm・14. 75 印张・176 千字
标准书号：ISBN 978-7-111-77346-7
定价：58. 00 元

电话服务　　　　　　　　　　网络服务
客服电话：010-88361066　　　机　工　官　网：www. cmpbook. com
　　　　　010-88379833　　　机　工　官　博：weibo. com/cmp1952
　　　　　010-68326294　　　金　书　网：www. golden-book. com
封底无防伪标均为盗版　　机工教育服务网：www. cmpedu. com

编　委　会

主　任
蔡鸿贤

副主任
胡致斌　邓　勇

成　员
李启煌　吴　飞　黄　颖
张江龙　蒋　鑫　林　赟　赟
林　宇　张衍坤　俞　垚
　　　　邱　瑾

前　言

随着信息技术的快速发展，数字化转型能否成功已经成为新形势下企业能否在市场竞争中立足的关键。从农业、工业到服务业，数字技术正在重塑生产方式、商业模式。在这个建设、变革、创新的过程中，企业不仅要适应快速变化的市场环境，还要探索如何有效地利用数字技术增强自身竞争优势。

"十四五"时期，我国实体经济处在转变发展方式、优化经济结构、转换增长动力的攻关期，数字经济转向深化应用、规范发展、普惠共享的新阶段。党的十九届四中全会明确指出，要把数据与劳动、资本、土地、知识、技术、管理一并视为生产要素，突出了大数据作为国家基础性战略性资源的重要地位。2022年12月19日，《中共中央 国务院关于构建数据基础制度更好发挥数据要素作用的意见》（又称"数据二十条"）正式发布，从数据产权、流通交易、收益分配、安全治理等方面提出二十条举措，为推动国家数据要素市场全面落地和加速国家、政府、企业的数字化建设指明了重要方向。

在新阶段，我国能源产业将在生产方式、消费方式、传输和交易等各个环节发生巨变，加上国家碳达峰碳中和（"双碳"）等一系列政策的相继出台，电力行业面临巨大挑战。电力行业作为我国国民经济的基础性支柱行业，产生的数据具有规模庞大、来源丰富、种类繁多、分布广泛等特点。通过持续的信息化投资与建设，特别是国家标准《数据管理能力成熟度评估模型》（GB/T 36073—2018）（以下简称"DCMM"）贯标活动的持续开展，数据治理与应用水平得到大幅提升。数据作为重要资产，在电力生产、经营管理方面发挥了重要的作用，电力行业的数据管理能力在国内已处于领先地位，但电力行业数据资产管理仍面临诸多挑战，如数据标准化程度不足、数据融合困难等，不同类型的数据质量参差不齐，数据的价值无法充分体现。如何应用信息技术和借助数据管理体系建设，助力电力企业从自动化、信息化向数字化、智能化转变，不断提升企业核心竞争力，已成为电力行业企业急需探索研究的新课题。

数字化转型不仅关乎技术的应用，还关乎企业战略、文化和运营模式的全面升级，它能够使企业更好地应对市场变化，提高运营效率，创新服务和产品。此外，随着全球对可持续发展和环保的重视程度日益增强，"双碳"目标的实现也与数字化转型紧密相连。数字化可以帮助企业更有效地监控和管理能源使用，推动绿色生产和节能减排。

在数字化转型项目管理中，企业面临着一系列的挑战。首先，确定正确的技术路径和工具是至关重要的。选择合适的软件和硬件平台，能够确保项目的顺利执行。其次，管理变革和员工参与也是成功的关键。数字化转型不仅涉及技术的更新，还涉及员工技能的提升和企业文化的变革。再次，数据安全和隐私保护在数字化转型项目中具有极高的重要性。随着数据量的增加，保护企业和客户的信息免受侵害成为一个重要议题。最后，项目管理需要灵活适应市场和技术的快速变化，要求管理者具有前瞻性思维和快速适应能力。

本书旨在为读者提供深入的理解和实用的指导，以应对企业在数字化转型过程中遇到的挑战和机遇。本书各章节内容如下：

第一章 数字化转型项目管理概述

第一节 数字化转型概述：涵盖数字中国建设总体布局、数字生产力与生产关系、企业数字化战略路径、企业数据管理能力现状、企业数字化转型架构体系。

第二节 数字化转型驱动企业变革：探讨数字化转型驱动业务变革、数字化转型驱动组织变革、数字化转型驱动管理变革。

第三节 数字化转型项目管理：重点讲述项目管理在企业数字化转型中的重要性、传统项目管理框架、数字化转型项目管理理论依据、数字化转型项目管理框架、数据管理能力域与管理模型、数字化转型项目管理展望。

第二章 数字化转型项目管理体系架构

第一节 数字化转型项目管理体系整体架构：介绍数字化转型项目管理支撑体系、数字化转型项目组织治理和职能协同、数字化转型项目管理生命周期模型。

第二节 数字化转型项目管理体系支撑：涵盖人才体系支撑、标准化体系支撑、评价体系支撑、数字技术应用体系支撑和数据治理体系支撑。

第三节 数字化转型项目管理生命周期模型：探讨数字化转型的两种项目类型，以及数字化转型过程中不同项目类型的适用场景。

第四节 数字化转型项目组织治理和职能协同：包括定义组织治理结构、职能协同机制、组织文化塑造、成功案例与挑战。

第五节 数字化转型项目管理体系内容的相互作用：包括系统性视角、系统性视角的应用实例、相互促进与增强、挑战与解决策略、未来趋势。

第三章　数字化转型项目管理的创新探索与实践评估

第一节　数字化转型项目管理实践：通过案例研究展示数字化转型项目管理的应用。内容包括：框架应用、实践案例研究。

第二节　数字化转型项目管理创新：详细介绍数字化转型项目的总体构建与顶层设计、收益规划、规划引领、保障和支撑、监管与整合、价值转移与关闭、价值评价、收益合并与维持。

第三节　数据管理能力成熟度评估：提供用于评估企业数字化转型项目数据管理能力成熟度的模型和方法。涵盖：数字化成熟度模型、DCMM介绍、DCMM评估方法、电力企业数据管理能力8个核心能力域现状及其成熟度评估现状、案例公司F数据管理能力成熟度应用实践。

本书不仅可以为企业管理者和项目管理专业人士提供理论指导，也可以为数字化转型实践者提供丰富的案例和创新思路。

在撰写本书的过程中，我们深入研究了众多行业和企业的数字化转型实践，其中特别值得一提的是案例公司F在数字化转型项目管理方面取得的成就。该公司做法创新且成效显著，已成为所在领域的佼佼者，为其他企业提供了重要的参考和启示。

案例公司F成功的关键在于其系统性的方法和严谨的落地。该公司通过严格落地执行精心设计的战略和细致的计划，实现了业务流程的数字化和智能化，大幅提升了运营效率和决策质量。此外，该公司在人才培养、技术应用、数据管理和项目治理等方面积极谋求全面发展，也为其数字化转型的深度和广度奠定了坚实的基础。

本书将详细介绍案例公司F数字化转型项目管理实践和创新，包括其在组织架构调整、技术应用、数据治理，以及在文化和人才培养方面的策略及其实施。这一案例不仅展示了数字化转型在实际操作中的多方面考量，也验证了本书提出的理论和方法在现实环境中的有效性和可行性。读者可以更加深入地理解数字化转型项目管理的复杂性和挑战，同时获得宝贵的实践经验和启发。

感谢所有为本书提供支持和帮助的专家、学者及案例公司 F 的工作人员，书中的不足之处，敬请各位读者批评指正。

目　录

前　言

第一章　数字化转型项目管理概述 / 1

第一节　数字化转型概述 / 2

一、数字中国建设总体布局 / 2

二、数字生产力与生产关系 / 3

三、企业数字化战略路径 / 5

四、企业数据管理能力现状 / 7

五、企业数字化转型架构体系 / 8

第二节　数字化转型驱动企业变革 / 12

一、数字化转型驱动业务变革 / 12

二、数字化转型驱动组织变革 / 19

三、数字化转型驱动管理变革 / 22

第三节　数字化转型项目管理 / 28

一、项目管理在企业数字化转型中的重要性 / 28

二、传统项目管理框架 / 33

三、数字化转型项目管理理论依据 / 37

四、数字化转型项目管理框架 / 41

五、数据管理能力域与管理模型 / 56

六、数字化转型项目管理展望 / 67

第二章　数字化转型项目管理体系架构 / 73

第一节　数字化转型项目管理体系整体架构 / 74

一、数字化转型项目管理支撑体系 / 75

二、数字化转型项目组织治理和职能协同 / 75

三、数字化转型项目管理生命周期模型 / 76

第二节　数字化转型项目管理体系支撑 / 76

一、人才体系支撑 / 77

二、标准化体系支撑 / 79

三、评价体系支撑 / 84

四、数字技术应用体系支撑 / 88

五、数据治理体系支撑 / 93

第三节　数字化转型项目管理生命周期模型 / 100

一、数字化转型的两种项目类型 / 101

二、数字化转型过程中不同项目类型的适用场景 / 107

第四节　数字化转型项目组织治理和职能协同 / 110

一、定义组织治理结构 / 110

二、职能协同机制 / 113

三、组织文化塑造 / 115

四、成功案例与挑战 / 118

第五节　数字化转型项目管理体系内容的相互作用 / 120

一、系统性视角 / 120

二、系统性视角的应用实例 / 122

三、相互促进与增强 / 123

四、挑战与解决策略 / 127

五、未来趋势 / 131

第三章　数字化转型项目管理的创新探索与实践评估 / 133

第一节　数字化转型项目管理实践 / 134

一、框架应用 / 135

二、实践案例研究 / 135

第二节　数字化转型项目管理创新 / 149

一、数字化转型项目总体构建与顶层设计 / 150

二、数字化转型项目收益规划 / 154

三、数字化转型项目的规划引领 / 157

四、数字化转型项目保障和支撑 / 160

五、数字化转型项目监管与整合 / 163

六、数字化转型项目价值转移与关闭 / 171

七、数字化转型项目转型价值评价 / 173

八、数字化转型项目收益合并与维持 / 176

第三节　数据管理能力成熟度评估 / 179

一、数字化成熟度模型 / 180

二、DCMM 介绍 / 181

三、DCMM 评估方法 / 184

四、电力企业数据管理能力 8 个核心能力域现状 / 186

五、电力企业数据管理能力成熟度评估现状 / 191

六、案例公司 F 数据管理能力成熟度应用实践 / 194

后记 / 217

参考文献 / 219

第一章

数字化转型项目管理概述

第一节　数字化转型概述

一、数字中国建设总体布局

2023 年，中共中央、国务院印发了《数字中国建设整体布局规划》（以下简称《规划》）。《规划》指出，建设数字中国是数字时代推进中国式现代化的重要引擎，是构筑国家竞争新优势的有力支撑。加快数字中国建设，对全面建设社会主义现代化国家、全面推进中华民族伟大复兴具有重要意义和深远影响。从数字某省到数字中国，我国数字化发展从夯基垒台到积厚成势，取得了显著性进展和历史性成就。

《规划》提出的一个主要目标是，到 2025 年数字中国建设取得重要进展，数字基础设施高效联通，数据资源规模和质量加快提升，数据要素价值有效释放。数字基础设施和数据资源体系也被视为建设数字中国的"两大底座"。《规划》提出的另一个主要目标是，到 2035 年数字化发展水平进入世界前列，数字中国建设取得重大成就，推进数字技术与经济建设、政治建设、文化建设、社会建设、生态文明建设"五位一体"深度融合。在全面赋能经济社会发展方面，《规划》进一步明确要推动数字技术和实体经济深度融合，在农业、工业、金融、教育、医疗、交通、能源等重点领域加快数字技术创新应用。为实现《规划》提出的这两个主要目标，有必要明确数字生产力与生产关系，进一步确认和引导企业数字化的实现。

二、数字生产力与生产关系

在数字时代的浪潮中，生产力与生产关系成为讨论的焦点。数字技术的融入为生产力带来了质的飞跃，而生产关系也因此正在经历深刻的调整。要理解这两者之间的关联，首先需要明确它们的定义。

1. 数字生产力的概念

生产力是推动社会进步的最活跃、最具革命性的要素。以科技创新为主导，当关键性技术实现突破、发生质变，必然引发生产力核心因素变革。在数字时代，传统的生产力被数字生产力冲击。云计算、人工智能、大数据等技术不仅提高了生产效率，还在一定程度上改变了生产方式。例如，人工智能可以替代人类的某些工作，如客户服务、基本数据分析等；云计算则允许企业无须在本地建设庞大的数据中心即可进行大规模数据处理。在数字时代，数字生产力主要表现为通过数字技术融合其他生产要素，使生产力要素即劳动者、劳动资料和劳动对象"三位一体"呈现数字化结果，凸显了推动经济高质量发展过程中创新要素的重要地位。数字生产力是由大数据、互联网、云计算、区块链、人工智能等构成的数字技术体系与生产力三要素融合产生的创造力，其基本要素包括掌握数字技术、具有数字技能的数字劳动者，数字技术设备和工具，数据、商业软件和生产劳动作用其上的自然物。

与传统生产力相比，数字生产力具有以下特征：

1）以数字技术创新为引擎，没有数字技术的关键性突破，就没有数字生产力的发展。

2）突出各种生产要素的组合功能，强调各种生产要素的组合功能，使劳动者和生产资料维持适当比例，提高生产力要素的质量。

3）凸显创新性、高科技、智能化，数字生产力要素在数字技术创新作用下获得总体跃升。

数字经济成为推动新质生产力发展的重要引擎，使数据成为新的生产要素。数字经济催生了大量新兴产业和创新型企业，促进传统产业高效绿色转型升级，具有较强的规模收益递增特性，与新质生产力的高效能、低消耗特征高度匹配。数字生产力是数字化生产要素的有机融合，是数字技术应用所产生的生产能力。它不仅改变了人类对于资源、动力、材料和信息等基础要素的利用方式，提升了人类的生产力水平，还重构了人类的生活方式。

2. 生产关系的演进

随着生产力的变革，生产关系也正在发生变化。传统的雇主与雇员之间的关系、供应商与客户之间的关系、生产者与消费者之间的关系等正在被重塑。共享经济的兴起便是这些变化的一个明显标志。例如，网约车和共享民宿这样的产品形式和平台，使得供应商和消费者之间的界限变得更为模糊，在这种模式下，消费者可能同时扮演供应商的角色。

3. 数字生产力带来的挑战与机遇

数字生产力的崛起带来了一系列挑战。

对于企业而言，如何适应这种变化、如何提高员工的数字技能、如何保障数据的安全等都是迫切需要应对的难题。

对于个人而言，自动化和数字化可能导致部分工作岗位的消失，但同时它们也将为个人带来创新和创业的新机会。

4. 数字生产关系的新形态

随着数字技术的广泛应用，更为动态、更为灵活的经济组织形态不断涌现。数字平台使得跨国合作、远程办公成为可能，打破了空间和时间的限制，数字货币和区块链技术的应用也为生产关系带来新的可能性。

面对这种变革，企业和个人都需要有所准备。企业需要加强员工培训，尤其是在信息技术和数据处理能力方面。个人则需要终身学习，随时适应市场的变化。而政府和社会也需要为这种变革提供支持，确保所有人都能从中受益。

数字生产力与生产关系的变革是数字时代的一个重要特征，正如历史上的每一次技术革命都给社会带来深远的影响，这次也不例外。面对这种变革，人们既要看到其中的挑战，也要正视其中的机遇，只有这样才能共同创造一个更加美好的未来。

三、企业数字化战略路径

在当今的数字化浪潮中，企业数字化转型已成为提升竞争力的关键策略。为了在高度互联的市场中维持并提高自身竞争地位，企业必须明确自身的数字化战略路径。企业的数字化战略路径通常涉及以下 10 项内容：

1）确定数字化的愿景与目标。在开始规划任何战略时，明确目标都是至关重要的第一步。这不仅仅是关于技术的投资，更多的是关于企业未来的愿景。例如，企业希望通过数字化提高生产效率、改善用户交互质量或者开拓新的市场领域。

2）评估企业当前的数字化水平。在明确目标后，企业应评估自身当前的数字化水平，包括技术、人员、效率等方面。在这一阶段，企业可以借助一些评估工具或专业第三方获取更为客观的评价。

3）明确数字化的关键领域。并不是所有的领域都需要同样的关注度，企业应确定那些最为关键的领域，如客户关系管理、供应链管理、关键业务的数字化融合、数据分析等，给予重点投资。

4）制定数字化蓝图。基于上述的评估，企业应制定一个详细的数字化蓝图。这个蓝图不仅要包括技术方面，还要包括组织结构、人员培训、流程优化等方面。

5）选择合适的技术与合作伙伴。数字化转型不是一个单打独斗的过程，企业需要选择合适的技术与业务合作伙伴，如云服务提供商、技术解决方案供应商等。

6）人员培训与文化建设。数字化转型不只是技术上的转型，更多的是思想观念、能力结构的转型。企业需加强人员培训，并努力构建一个鼓励创新、愿意接受变化的企业文化。

7）持续的优化与调整。技术和市场都是不断变化的，企业的数字化战略也不应是一成不变的。在实施过程中，企业需要根据反馈持续优化与阶段性调整战略。

8）量化评估与反馈。所有战略都需要一个明确的量化评估机制，企业应定期评估数字化转型的实施效果，并基于这些反馈进行必要的调整。

9）保持对新技术与趋势的关注。在数字化转型的道路上，总有新的技术与趋势出现，企业要保持对这些新事物的关注，并及时进行策略调整。

10）统筹考虑数据安全与合规性。在数字化转型中，数据安全与合规性是不能被忽视的，企业要确保自己的数字化战略符合法律法规与行业标准的规定，并为数据提供足够的保护。

总之，数字化转型是一个长期且复杂的过程，只有通过明确的战略路径，企业才能在这个过程中避免盲目与失误，从而真正实现数字化带来的价值。这需要从多个层面综合推进，包括高层领导的战略指导、IT 部门的技术实施、业务部门的流程改造，以及所有员工的参与和培训，以确保企业数字化转型的全面实施和成功。

四、企业数据管理能力现状

企业数字化转型是以云计算、大数据、物联网、人工智能、区块链等新一代数字技术为核心驱动力、以数据为关键生产要素、以现代业务和设施网络与新一代信息网络为基础，通过数字技术与企业业务、管理深度融合，不断提高数字化、网络化、智能化水平的过程。数据是数字化转型的核心基础，做好数据管理是实现数字化转型的核心要求。

数据是数字经济时代重要的生产要素，是企业和社会组织的重要资产，是国家的基础性战略资源。而大数据是各类数据的集合，以容量大、类型多、速度快、精度准、价值高为主要特征，是推动经济转型发展的新动力，是提升政府、企业治理能力的新途径，是重塑国家、企业竞争优势的新机遇。因此，做好数据管理和价值转化已经成为企业和社会组织的重要能力之一。数据管理指通过规划、控制与提供数据和信息资产的职能，包括开发、执行和监督有关数据的计划、政策、方案、项目、流程、方法和程序，以获取、控制、保护、交付和提高数据和信息资产价值。数据管理不但是一种科学的数据管理技术和方法，而且是一种全新的理念。面对海量异构的数据，如何管理和利用数据并使其最大限度发挥价值是数据管理的核心思想。

经过长时间的发展和积累，大型企业已建成企业级信息系统，基本实现业务过程覆盖、管理层级覆盖，持续推动业务由线下向线上、粗放向精益、壁垒向协同转变，信息系统由分散向集中，数据由孤岛向共享，平台单体向平台云端转变，为企业的数据管理发展及业务的数字化转型奠定坚实基础。

在数据管理能力上，当前各企业聚焦数据架构、数据标准、数据质量、数据应用、数据管控、数据安全、数据生命周期及工具与平台等领域的能力发展，构筑包含全域数据管理、数据共享、数据服务等能力的数据管理能力体系，推动数据资源化、资产化、资本化。一方面，许多企业建立了企业级数据治理组织和制度，数据文化重视程度得到进一步提升，相关人才培养也得以广泛开展；另一方面，企业全面引入数据中台、数据湖、人工智能等现代技术，以提升数据质量为抓手，推行数据认责和全生命周期数据质量管理，数据分析应用广泛赋能各业务领域，数据资产目录覆盖主要业务领域和场景。因此，有效的数据管理成为支撑各行业数字化转型的基石，确保数字化转型过程中的数据整合、分析和应用能够顺畅进行。

五、企业数字化转型架构体系

企业数字化转型架构体系，由于涉及企业具体业务，需要针对性地构建。以下将从通识性的角度，阐述企业数字化转型架构体系的重要性、核心要素、构建方向、设计原则和实施步骤，旨在明晰数字化转型项目管理的业务架构体系，以构建具有针对性且高效的数字化管理框架。

1. 数字化转型架构体系的重要性

数字化转型架构体系的重要性主要体现在它能够为企业数字化转型提供指导，确保整个企业的一致性，以及降低企业在开展数字化转型工作过程中的复杂度。

1）提供指导。架构体系为企业提供了一套明确的指导原则和模式，使其能够有序地进行数字化转型。

2）确保一致性。通过确保所有部门和团队都遵循同一套架构原则，企业可以确保其数字化转型工作是一致和协同的。

3）降低复杂度。一个明确定义的架构体系可以降低整体复杂度，使企业能够更加高效地进行数字化转型。

2. 数字化转型架构体系的核心要素

在构建数字化转型架构体系时，需要先明确其核心要素，对所需的架构组件有一个清晰的认识，更好地了解数字化转型的实施难点和挑战。在数字化转型中，主要包含业务架构、数据架构、技术架构、应用架构和安全架构 5 个核心要素。

1）业务架构。业务架构是数字化转型架构体系的核心，它描述了企业的业务模型、业务流程和业务功能。在数字化转型中，业务架构应与应用和数据架构、应用架构紧密集成。

2）数据架构。数据是数字化转型的关键驱动要素。数据架构定义了企业数据的来源、存储、处理和分析的方式，确保数据的高质量、可用性和安全性。

3）技术架构。技术架构包括企业使用的技术平台、工具和解决方案。技术架构应支撑业务目标，并与业务架构和数据架构紧密集成。

4）应用架构。技术架构定义了企业用于支撑其业务操作的应用程序和系统，包括 ERP 系统、CRM 系统、数字化营销平台等。

5）安全架构。随着数字化转型的深入推进，数据安全和隐私保护变得至关重要。安全架构不仅确保企业的数字化资产受到充分保护，还同时满足法律法规和合规性要求。

3. 数字化转型架构体系的构建方向

为确保企业成功实施数字化转型，按照结构化转型架构体系的原则，从技术整合、文化变革和战略方向3个方面进行构建。

1）技术整合是转型的基础，要求企业评估并采纳能支撑核心业务的现代化技术平台和工具。这包括升级到云基础设施提高数据处理的灵活性与安全性，利用各种接口API实现应用程序间的无缝集成，以及引入自动化和人工智能（AI）技术优化流程和降低运营成本。

2）文化变革是确保技术投资取得预期效果的关键。企业必须培养一种鼓励创新和团队合作的文化。这包括对领导层和员工进行数字化技能培训，营造开放协作的工作环境，以及通过激励机制奖励那些推动技术创新和业务改进的行为。

3）企业的数字化转型应与总体发展战略紧密对标看齐。这包括将转型目标融入企业的长远规划，根据市场和客户需求调整战略方向，并设置定期审查机制以根据业务表现和市场动态调整转型策略。通过这种方式，企业不仅可以有效应对转型中的挑战，还能确保在竞争激烈的市场中保持领先优势。

这种架构体系不仅提供了一个清晰的框架以应对变革，还确保了资源、人员和技术的最优配置。

4. 数字化转型架构体系的设计原则

一个良好的数字化架构体系可以支撑企业数字化转型的开展，有效设计一个数字化转型的架构体系涉及如下4项原则：

1）以用户为中心。在设计架构体系时，应始终以用户为中心，确保提供的解决方案满足用户的需求和期望。

2）集成性。架构体系应促进不同系统和应用之间的集成，确保数据和流程的连续性。

3）可扩展性。为了支持企业的增长和扩张，架构体系应设计为可扩展的。

4）灵活性。随着业务环境和技术的不断变化，架构体系应具有足够的灵活性，能够快速适应变革。

5. 数字化转型架构体系的实施步骤

设计好数字化转型架构体系之后便涉及具体的实施，通常需要遵循以下4个实施步骤：

1）评估现状。在实施架构体系之前，企业应评估其当前的业务、数据和技术环境。

2）定义愿景。根据企业的数字化转型目标，定义一个清晰的架构愿景。

3）制定路线图。基于评估的结果和定义的愿景，制定一个详细的架构实施路线图。

4）持续监控与优化。一旦架构体系被实施，企业应持续监控其效果，并根据实际运行情况的需要进行优化。

总之，数字化转型是一个复杂的过程，需要企业有明确的战略，以及系统化、结构化的方法。通过制定和实施一个有效的数字化转型架构体系，企业不仅可以确保内部数字化推进是方向一致、互相协同的，还可以最大限度提升数字化转型的价值和影响力。而在数字化转型的过程中，项目管理起到了巨大的作用，良好的项目管理的框架、方法、流程和手段是企业数字化转型的重要支撑。

第二节　数字化转型驱动企业变革

　　数字化转型正在全面驱动企业的业务、组织结构和管理变革。在业务方面，数字技术如数据分析、人工智能、云计算和物联网正在改变产品和服务的交付方式，实现更个性化的服务，并提高生产效率与产品质量。业务方式方面，通过社交媒体分析和在线互动，企业能更好地理解和满足客户需求，同时数字化也开辟了新的商业模式，如订阅服务、共享经济和数字货币支付系统。组织结构方面，数字化促使企业结构更灵活、去中心化。远程工作技术和协作工具使分布式团队成为可能，促进跨部门合作和知识共享。数字工具还能推动扁平化管理，加快决策过程，提高透明度。管理模式方面，大数据和分析工具优化了决策过程，帮助企业管理者更好地理解市场趋势和消费者行为。数字化工具如在线培训和员工反馈系统提升了员工绩效和参与度。同时，实时数据监控和预测建模增强了企业在快速变化市场中的敏捷性和适应性。

一、数字化转型驱动业务变革

　　在当今快速演变的商业环境中，数字化转型已成为推动业务变革的关键力量。数字化转型不仅改变了企业的运营方式，还很大程度上改变了产品和服务的创建、提供及客户体验的方式。

　　数字化技术已经在多个层面改变了企业的业务运作方式。数据分析和人工智能在提供个性化服务方面发挥了明显的作用，使企业能够根据客户的具体需求和行为模式定制产品和服务。云计算和物联网技术则在提高生产效率和产品质量方面起到了关键作用，通过实时数据监控和资源优化优化了操作流程。同时，社交媒体分析和在线客户互动帮助企业能够更深入地理解并响应客户需求，从而加强客户关系管理。

数字化转型还催生了诸如按需服务、平台经济和订阅模式等新的商业模式。这些模式利用数字技术连接不同的用户和服务提供者，创建价值交换的新途径，如共享经济平台使资源的利用更加高效，而订阅服务模式则为客户提供持续的价值并为企业带来相对稳定的收入流。这种应用方式的创新不仅为企业带来了新的增长机遇，还重塑了该行业的竞争格局。

数字化转型通过提供高效的协作工具和强大的自动化支持，影响并在一定程度上改变了项目执行的方式。这不仅提高了项目执行的效率和精确性，也增强了企业应对快速变化市场的能力。对于企业管理者来说，理解并掌握这些数字工具的使用，是数字化转型项目成功的关键。

总之，数字化转型通过创新技术和商业模式，为企业带来了前所未有的发展活力。这些变革不仅体现在产品和服务的提供上，还深刻影响了消费者体验和企业的整体运营策略。因此，在数字时代，企业必须主动推进业务的数字化变革，才能有效保持竞争力，实现用户持续增长。

1. 通过数据分析和人工智能提供个性化服务

在数字时代，数据分析和人工智能已成为企业提供个性化服务的核心基础。通过深入分析客户数据，企业能够更好地理解客户行为和消费偏好，从而制定更加精准的营销策略和个性化的产品推荐。

1）数据分析能帮助企业从海量数据中提取有价值的关键信息。例如，通过分析客户的购买记录，企业可以发现客户特定的消费结构和偏好，进而为其推荐相关产品；通过分析客户在线行为，如页面浏览和点击率，企业可以进一步发现客户的兴趣趋向和需求；客户反馈，包括在线评价和在社交媒体上的讨论等，也为企业提供了第一手的用户反馈信息。对这些数据的综合分析能帮助企业设计出更符合客户需求的产品，制定更有针对性的营销策略，进一步增强用户体验。

2）人工智能在提升客户服务质量和效率方面扮演了重要角色，聊天机器人的应用就是一个典型的例子。利用自然语言处理技术，这些机器人具备理解、响应和反馈客户查询的能力，为客户提供7×24小时的即时服务。不仅如此，随着时间的推移，这些机器人还可以通过机器学习技术适应客户的行为和偏好，提供更为精准的信息和帮助。

3）机器学习算法在预测客户需求方面展现出巨大的应用潜力。通过分析历史销售数据、季节性趋势、市场动态等信息，这些算法能够预测未来的需求变化趋势，帮助企业在正确的时间提供适合的产品。这不仅能够提高库存管理的效率，降低产品存货过剩或缺货的风险，还能确保客户及时获得他们所需的产品。

4）人工智能在个性化推荐系统中的应用值得关注。通过分析客户的购买历史、搜索习惯和用户评分，企业可以为每位客户提供独特的购物体验。这种个性化的推荐不仅增加了销售机会，还提升了客户的满意度和忠诚度。

5）人工智能和数据分析在客户细分方面发挥了关键作用。通过将客户分为不同的群体，企业能够找到细分市场并实现产品和服务的定制。这种策略使企业能够更有效地满足不同客户群体的需求，同时提高市场营销活动的投资回报率（ROI）。

由此可见，数据分析和人工智能在提供个性化服务方面的应用，不仅改善了客户体验，还为企业带来了更高的运营效率和盈利能力。在竞争激烈的市场中，应用这些先进技术的企业将能够更好地理解和满足客户需求，从而获得竞争优势。

2. 利用云计算和物联网技术提高生产效率和产品质量

当前，云计算和物联网技术正日益成为提升生产效率和产品质量的关键因素。这些技术的应用不仅改善了生产流程，也为企业带来了更高的灵活性和效率，降低了成本。

1）云计算为企业提供了一种高效、可扩展的数据存储和处理解决方案。通过云服务，企业能够存储大量数据，不受物理硬件的限制。这意味着企业可以按需增减存储容量，根据业务需求快速调整资源配置。此外，云计算具有强大的数据分析能力，能够帮助企业从海量数据中提取有价值的信息，以辅助决策。云平台的灵活性还体现在支持远程工作，使员工能够随时随地访问所需信息，促进团队协作和组织敏捷性的提升。

2）在支持新服务的快速部署方面，云计算展现了其独特优势。由于其高度的可扩展性和灵活性，企业能够在云平台上迅速测试和部署新应用，无须在前期大量投资。这对于快速适应市场变化、推动实现创新至关重要。

3）物联网技术在制造业中的应用正在改变传统的生产模式。通过在生产线上部署传感器和智能设备，企业能够实时监控生产过程中的各个环节。这些设备收集的数据可以用于监测设备性能，预测维护需求，减少意外停机时间。例如，通过分析设备的运行数据，可以提前发现潜在的故障，从而实现预防性维护，降低维护成本。

4）此外，物联网技术在物流管理中的应用同样作用显著。利用物联网技术，如 RFID 技术、传感技术、嵌入式技术等，企业可以实时追踪产品从生产到交付的全过程。这不仅提高了物流效率，也增加了供应链的透明度。实时追踪能够确保产品按时到达目的地，同时减少运输过程中的损失和配送错误。

5）物联网还可以帮助制造企业实现智能制造，通过自动化和数据分析优化生产流程。智能设备则可以根据实时数据自动调整生产设置，以适应不同的制造需求，从而提高生产效率和灵活性。

综上所述，云计算和物联网技术正在为企业提供前所未有的机遇，以优化生产过程、提高生产效率、提升产品质量，并支持更敏捷地创新和服务部署。随着这些技术的不断发展和成熟，它们将继续推动制造业和供应链管理的变革，为企业带来更大的竞争优势。

3. 通过社交媒体分析和在线客户互动理解客户需求

在数字时代，社交媒体成为了解用户需求和市场趋势的重要渠道。社交媒体分析和在线客户互动提供了深入洞察消费者行为和情绪的机会，这些信息对于指导产品开发和营销服务策略至关重要。在部分模式较为传统的企业中，社交媒体互动和信息反馈方面一直有待改进，而在数字时代，社交媒体和在线互动是促进企业业务变革的重要推动因素。

1）社交媒体分析使企业能够监测和分析消费者在社交平台上的活动，从而获得对市场趋势和消费者情绪的深入了解。通过追踪关键词、热点话题、品牌关注和用户反馈，企业可以洞察消费者的兴趣、需求和期望。例如，通过分析和讨论热点话题，企业可以发现新的市场机会或产品消费趋势。此外，对消费者的投诉和建议的分析可以揭示产品或服务中的潜在问题，为产品、服务改进提供方向。

2）社交媒体还为企业提供了一个直接与消费者交流的平台。通过社交媒体，企业可以发布最新消息、宣传材料，开展互动营销活动，可以直接回应消费者的评论和问题。这不但提高了客户服务质量，而且增进了品牌的亲和力和客户信任度。同时，通过监测和分析客户在社交媒体上的互动数据，企业可以评估其营销策略的效果并进行优化。

3）在线平台和工具的使用，大幅度提升了企业与客户之间的互动效率和效果。在线调查、反馈表和评论系统等工具使企业能够实时收集消费者的反馈和意见，这些即时反馈对于快速响应市场变化、改进产品和服务至关重要。例如，一款新产品发布后，企业通过分析消费者的在线反馈，可以快速了解该产品的市场接受度和用户反馈的问题，从而迅速做出调整。

4）社交媒体和在线平台还支持用户生成内容，如评价、分享和推荐，这些内容为企业提供了实时的用户洞察。用户生成内容不仅提升了品牌的可见度和影响力，还为其他潜在客户提供了参考信息，促进了客户信任和购买决策。

综上所述，通过社交媒体分析和在线客户互动，企业能够更深入地理解消费者需求，从而在产品开发和营销策略中做出更优决策。在这个过程中，社交媒体不仅是信息收集的渠道，更是建立品牌和维护消费者关系的重要平台。随着社交媒体的影响日益增强，有效利用这些平台的企业将能更好地适应市场变化，提升品牌价值和市场竞争力。

4. 开辟新的商业模式

随着数字化转型的深入发展，新的商业模式正在不断涌现，对传统市场格局产生了深远的影响。其中，基于订阅的服务模式、共享经济平台和数字货币支付系统是最具代表性的变革之一。

1）基于订阅的服务模式彻底改变了消费者的购买习惯。与一次性购买相比，订阅服务为消费者提供了一种更加灵活便利、经济适用的消费方式，用户可以根据自己的需求和偏好，定期支付固定费用以获取产品信息或服务支持，如流媒体服务、资讯订阅和食品配送服务。这种模式为企业提供了稳定的收入流和可观测的潜在客户流，帮助他们在市场波动中保持稳定。同时，定期的互动和服务更新能够持续吸引和沉淀用户，增加了客户的黏性，提高了客户的忠诚度。

2）共享经济平台代表一种颠覆性的商业模式，它通过优化资源利用为消费者提供更多的选择，同时对传统行业形成了挑战。在交通领域，共享出行服务已经极大地改变了人们的出行习惯，显著减少了人们对私人汽车的依赖。在旅游领域，诸多旅行服务平台为旅行者提供了更多样化的旅游服务选择。这些平台之所以成功，不仅因为它们提供了更高效和更经济的资源使用方式，还通过建立用户评价系统，增强了用户信任和整体的安全性，即：用户可以根据过往用户的评价选择服务，服务提供者受到用户激励可以维持高标准的服务以保持良好的评分。这种互动促进了透明度和责任感，显著提高了服务的适用性、可靠性和安全性。

3）数字货币支付系统是近年来兴起的另一种新型商业模式。与传统支付方式相比，数字货币如比特币提供了更快捷、更安全和成本更低的交易方式。它们通过区块链技术确保交易的不可篡改性和透明度，从而增强了交易的安全性。数字货币在很大程度上弱化了传统银行和金融机构的中介角色，降低了交易成本，使跨境支付更加便捷。此外，数字货币的去中心化特性使其在全球范围内易于访问，为企业开拓国际市场提供了便利。

这些新兴的商业模式不仅为客户提供了更多样化的选择和更好的体验，也为企业带来了新的增长机遇。它们代表数字化转型的一种趋势，即通过技术创新重塑市场格局和客户行为。随着技术的不断进步和市场的日益成熟，可以预见这些新商业模式将继续影响和塑造未来的市场应用场景和运行方式。

二、数字化转型驱动组织变革

在当前的数字化时代，组织结构正经历着深刻的变革，其中数字化转型扮演着核心角色。随着数字技术的广泛应用，企业的业务形态、组织结构、管理模式和工作方式都在发生显著变化。

1）数字化转型促成了更灵活和去中心化的工作环境，数字化工具如企业社交网络和内部知识管理系统的应用，极大地促进了跨部门的沟通和协作。数字化转型通过减少管理层级，推动了组织结构的扁平化，使决策过程变得更加高效和透明。

2）数字化转型是技术上的革新，更是推动业务转型和组织变革的关键因素。在变革过程中，企业必须适应新的工作方式，促进内部沟通和协作，同时优化组织结构，完善体系机制体制，培养新型人才，以便在快速变化的市场环境中保持竞争力。

1. 打造去中心化的灵活工作环境

打造去中心化的灵活工作环境是现代企业业务转型和组织变革的关键。特别是远程工作技术和协同工具的发展使得分布式团队的协作成为现实，从而实现了更灵活的工作方式。

1）远程工作技术的核心在于能够打破地理限制，实现团队成员之间的有效沟通和协作。云计算平台在此发挥了重要作用，它允许员工通过互联网访问公司的资源和应用程序，无论他们身在何处。这种技术的应用不仅提高了工作的灵活性，也确保了数据和应用的安全性和可靠性。

2）在线会议软件使远程团队成员可以实现集中办公的效果。这些在线会议软件具有提供视频会议、即时通信、文件共享等功能，能够帮助团队成员追踪项目进度、分配任务、共享资源和信息，从而提升团队的协作效率和透明度。

3）灵活的工作安排对提升员工的工作满意度和生产效能有直接影响，员工能够根据自己的生活节奏和习惯安排工作时间。灵活的工作安排带来了自主性，不仅减少了员工的工作压力，也激发了他们的积极性和创造力。例如，允许员工居家办公可以减少通勤时间，使员工更好地平衡工作与生活，提高工作效率。

4）灵活的工作方式也为企业吸引和留住人才提供了新策略。在竞争激烈的人才市场中，提供灵活的工作安排可以帮助企业脱颖而出，吸引更广泛的人才群体，包括国际人才和有特殊家庭需求的员工。

综上所述，远程工作技术和协同工具为企业和员工带来了更多的灵活性和更高的效率，同时为企业吸引和留住多样化的人才及增强竞争力提供了新的选择。随着数字化技术的不断发展和完善，去中心化和灵活的工作环境将成为未来工作的新形态。由于数字化带来协同工具的广泛应用，实现了信息的实时同步和分享，改变了传统组织层级结构的沟通模式，减少了沟通汇报层级，促进了组织的扁平化，提升了组织决策效率。

2. 推动跨部门合作和知识共享

在数字化时代，企业的成功越来越依赖跨部门合作和知识共享。数字工具在这方面发挥了关键作用，它们不仅简化了沟通流程，还打破了部门之间的障碍，促进了信息的自由流动和知识的共享。

1）企业社交网络是促进部门间沟通和协同的重要工具。例如，可以通过这些平台分享行业动态、最佳实践或成功案例，从而激发员工创新和解决问题的新思路；为员工提供分享想法和讨论问题的非正式交流空间，有助于建立更加紧密的工作关系和更加融洽的团队协作氛围，促进跨部门的沟通和协同。

2）内部知识管理系统是知识传承和知识价值创造的关键。内部知识管理系统使得公司的显性知识和隐性知识能够得到有效的分类、存储和检索，为员工生成新知识、使用现有知识提供了便捷途径。通过鼓励员工分享工作中的新知识和经验，共享和应用内部知识提高工作效率和效能，为组织带来更高的工作价值。

数字化工具为开展协同工作提供便捷，不同专业的人员能快速从知识管理系统获取不同专业的知识为其所用，为形成柔性、敏捷和开放的组织奠定了基础，极大地推动了组织形式的变革。

3. 推动扁平化管理和提高决策透明度

数字化转型对于推动企业组织结构的扁平化和提高决策透明度起着至关重要的作用。

1）数字化转型有助于实现扁平化的管理结构。在传统的层级式组织结构中，信息需经过多个层级才能传达，不仅降低了决策的速度，还可能导致信息的失真。数字化工具，如企业社交网络和协作平台，能够使信息在组织内快速流动，减少不必要的层级。决策者能够直接获取一线信息，提高决策响应效率。

2）扁平化的组织结构鼓励员工参与决策过程。当员工感到自己的意见被重视时，他们更有积极性贡献想法和反馈意见。这样不仅能增强员工的归属感和满意度，还能为企业带来更多的创新机会。

3）数据分析工具和实时报告系统能够为管理层和员工提供准确的业务洞察。例如，通过数据分析，企业可以了解市场趋势、消费者行为和运营效率，提高决策透明度。

4）数字化工具还提高了决策的包容性。通过在线调查、反馈平台和社交网络，企业可以及时收集来自不同部门和层级的建议和反馈信息。这种包容性不仅确保企业关注了不同的角度和利益，还增强了员工对决策的认同感。

综上所述，数字化驱动组织变革，通过数字化工具、扁平化组织，企业能够自上而下地快速获取决策所需的一线信息，一线员工能够自下而上地快速提供内外部决策所需的信息。在扁平化组织中，企业还能够充分考虑不同层级从不同角度的反馈，使决策更具兼容性，为组织变革提供数字化转型的驱动力。

三、数字化转型驱动管理变革

随着市场动态和技术创新的持续演进，传统的管理方法逐渐显现出局限性，不再能有效应对复杂的新兴情境。因此，管理变革是必要的，它已经成为企业持续提升市场生存能力和竞争力的关键。

数字化转型在这一过程中扮演了核心角色。它不仅是技术的升级，更引发了管理模式的变革。通过引入先进的信息技术和数字工具，企业能够更准确地捕捉市场动态、更灵活地调整业务策略、更有效地优化资源配置，从而大幅提升决策质量和执行效率。

例如，凭借大数据分析，企业可以实时了解客户需求和市场趋势，这种数据驱动的洞察力使得计划更加精准科学。同样，通过自动化工具和人工智能，日常的业务执行变得更加高效，减少了人为错误，提高了操作速度和准确度。而在监控和控制方面，实时的数据仪表板和分析工具使得管理者可以随时掌握项目进展和业务表现，及时调整管理跟进策略。

数字化转型还极大地影响了风险管理和员工激励机制。通过更精确的风险预测模型和更透明的绩效评估系统，企业能够更科学地评估风险并合理地分配资源，同时也能根据员工的实际表现制定更公平、更有激励性的薪酬方案。

综上所述，数字化转型已成为推动管理变革的关键因素。它通过技术赋能改变了企业的运作方式，提升了组织的灵活性和响应速度，最终推动企业在不断变化的市场中保持竞争能力和优势。接下来的章节，将详细探讨数字化转型改变企业的计划、执行、监控、风险管理，以及薪酬与激励机制等关键管理领域的具体方式。

1. 计划的变革

传统的计划方法往往依赖于固定的年度或季度计划周期，尽管外部环境发生显著变化，但这些计划一经制订便很少及时进行调整。然而，在当前快速变化的市场环境中，因为缺乏必要的灵活性和适应性，这种方法的局限性日渐凸显。

与此相反，数字化计划方法利用先进的信息技术和数字技术，如人工智能和实时数据分析，能够为企业决策提供动态支持。通过实时监控市场动态和内部业务数据，数字化工具能够提供即时的业务洞察，帮助管理层快速调整策略以应对不断变化的市场情况。例如，人工智能预测工具可以分析消费者行为模式和市场趋势，从而预测需求变化，使企业能够提前调整生产计划和库存管理策略，以避免库存过剩或短缺。

以某全球消费电子公司为例。该公司通过引入一套基于人工智能的需求预测系统，成功实现了供应链和生产过程的优化。该系统根据实时销售数据、市场趋势和季节性变化自动调整生产计划。这不仅提高了资源利用效率，还显著减少了库存积压，降低了物流成本，最终提升了企业的整体盈利能力和市场响应速度。

总的来说，数字化转型通过引入灵活的、数据驱动的计划工具和方法，将极大地增强企业适应不确定环境中的能力。这种转变不仅仅是技术的应用，更是一种全新的管理理念——在快速变化的市场中，持续的适应和学习比坚持固定的计划更为关键。

2. 执行的变革

在数字化转型的浪潮中，项目执行的方式也正在经历深刻的变化。在传统的项目管理方法中，计划的执行往往是线性的，并且依赖人工协调，其局限性在如今商业环境快速变化的数字化时代逐渐显现。数字化技术，特别是协作工具和项目管理软件的引入和使用，将大幅提升项目执行的效率和精度。

1）数字化工具使得项目计划、执行、监控和控制过程更加透明和协同。例如，基于云计算为基础的项目管理软件使得项目团队成员无论身在何处，都能实时更新任务进度、共享文档和交流反馈，可以即时查看每项任务的最新状态，大幅提高跨部门协作的效率。

2）数字化执行可以利用自动化工具优化资源分配和时间管理。自动化工作流程能够确保在完成某项任务后自动启动下一步行动，降低项目延误的概率，提升整体项目交付的速度和质量。自动化工具也可以帮助项目经理更好地监测资源使用实时情况，确保按预算执行，防止资源浪费。

以某国际软件开发公司为例。该公司通过实施敏捷项目管理框架和工具，成功提升了其软件开发的灵活性和响应速度。通过在开发过程中采用Scrum方法，以及利用JIRA软件管理迭代任务，该公司能够更快地响应客户需求的变化，从而缩短了产品从设计到投入市场的周期。

3. 监控的变革

在数字化转型的过程中，监控的数字化应用尤为显著，其核心在于如何利用数字技术提高管理的透明度。传统的监控方式往往依赖定期的报告和会议，这不但耗费人力和时间，而且很难实时反映项目的当前状况。企业引入了数字化监控，如实时监控工具和数据驱动的决策平台等，可以有效改变这一现状。

1）实时监控工具和仪表板使得项目的各个方面都能被即时捕捉和可视化。例如，使用 FineBI、Power BI 这种实时数据仪表板，管理者可以随时查看销售额、客户满意度、生产效率等关键绩效指标，而无须等待传统的长周期的周报或月报。这种即时的数据访问能力不仅能及时发现并解决问题，还能大大提高决策质量和时效。

2）数据驱动的决策过程是监控变革的另一重要方面。在数字化环境中，数据不仅用于报告过去的成绩，还能预测未来趋势并对可能的问题做出快速反应。集成机器学习和人工智能技术，企业可以开发预测模型，利用这些模型能够基于历史数据和市场动态自动识别潜在风险和可能机会，从而提前制定应对措施。

以某全球制造公司为例。该公司通过实施全面的数字监控系统，成功地将生产过程中的设备故障率降低了30%。通过安装传感器收集设备运行数据，并利用大数据分析技术实时监控设备运行状态，该公司能够预测并预防潜在的设备故障，从而减少停机时间、降低维修成本。

4. 风险管理的变革

在数字化转型的过程中，得益于先进的数字技术，风险管理的赋能效果尤为显著。通过大数据分析和机器学习，风险管理能够极大地增强组织识别、评估和应对风险的能力。在传统环境中，风险管理往往依赖人的经验和直觉，数字技术的应用则使得风险管理变得更加系统化和科学化。

1）大数据技术能够让企业处理和分析大量数据，如客户交易记录、市场动态、社交媒体信息等，这些信息能够被用来评估潜在的风险可能性。通过对历史数据的深入分析，大数据技术可以识别风险发生的模式和趋势，从而预测未来可能出现的风险点。

2）机器学习技术进一步提高了风险预测的准确性。机器学习模型能够从数据中学习，并自动调整算法以便更准确地预测风险。这意味着企业通过此类模型不仅能识别现有的风险，还能预测新兴的风险，提前制定应对策略。例如，金融服务行业利用机器学习预测信用风险，通过分析客户的历史交易记录和行为模式评估其贷款违约的概率。例如，某全球银行部署了一个先进的风险管理平台，该平台集成了大数据和机器学习技术，能够实时监控和分析全球金融市场的动态，及时警告潜在的市场风险。这使得该银行能够快速应对市场变化，有效减少市场波动引起的潜在损失。

数字化技术的引入不仅提高了风险管理的效率，更重要的是还提高了企业风险管理的预测能力和前瞻性。在不断变化的市场环境中，这种先进的风险管理能力对于保护企业减少意外损失、确保企业长期稳定发展至关重要。通过持续的技术创新和应用，风险管理正逐步变得更加智能化和自动化，这将为企业带来更加有效的安全保障。

5. 薪酬与激励机制的变革

在数字化转型的过程中，薪酬与激励机制的变革尤为重要。这一变革不仅关系到员工的直接利益，也影响着组织的整体绩效和竞争力。数字化技术的应用使薪酬和激励系统更加透明、公正，以及以效能为导向，更能激发员工的潜能和创造力。

1）数字化薪酬系统的实施大幅提高了薪酬管理的透明度和准确性。通过集成的人力资源信息系统，企业可以自动化处理薪资结算和报告，确保薪酬发放的及时性和准确性。此外，这些系统通常包含分析功能，能够帮助人力资源部门和管理层深入了解薪酬分布、绩效关联及激励效果，从而更科学地制定和调整薪酬策略。

2）数字工具的运用使得激励方案能够更加个性化和具有导向性。通过数据分析，企业能够准确评估每名员工的贡献和绩效，根据企业的战略目标和员工的具体表现设计更符合员工个人特征和业务需求的激励方案。例如，可以依据销售额实时奖励销售人员，可以根据项目里程碑和创新成果实时激励研发人员。

3）数字化薪酬和激励系统，能够提升员工的满意度和绩效。例如，国际科技公司利用高级数据模型监控和预测员工绩效，结合业务目标设定个性化激励。通过这种方式，该公司不仅提升了员工的工作动力，还大幅提高了团队的整体产出。

总的来说，随着企业数字化转型的不断深入，薪酬与激励机制的变革已成为提升组织效能和员工满意度的关键措施。通过实施更加透明、公正和精准的薪酬激励，企业能够更好地吸引、激励和留住人才，同时促进企业文化的积极发展和组织目标的实现。

综上所述，这些变革表明，随着技术的进步和市场环境的变化，有效的项目管理显得尤为重要。它不仅能够确保数字化转型顺利规划和执行，还有助于合理分配资源、有效控制风险。项目管理涉及跨部门协作、目标设定、进度监控和结果评估等多个方面，对保障项目按时、按预算完成至关重要。此外，良好的项目管理还能提升团队的协作效率，提升组织对市场变化的响应速度和适应能力。因此，在数字化转型的过程中，将数字化转型项目管理作为一种确保实现战略目标和提升组织绩效的关键工具，其重要性不容忽视。

第三节　数字化转型项目管理

一、项目管理在企业数字化转型中的重要性

1. 数字化转型及其对企业的意义

数字化转型是企业通过整合数字技术，重塑业务模式、文化和客户体验，从而提高效率、增加价值并保持市场竞争力的过程。对企业而言，数字化转型不是简单地采用新技术，而是一次全面的变革，涉及企业的每一个层面，包括产品和服务的提供方式、内部运作流程，甚至企业文化和组织结构。

从市场变革能力看，首先，数字化转型能帮助企业提高效率，通过自动化和数据驱动的决策，减少资源浪费，优化运营流程；其次，它能增强企业对市场的适应性和反应速度，通过对客户数据的深入分析，更好地理解和预测客户需求，从而快速调整产品和服务；最后，它能推动创新，为企业开辟新的收入来源，增加市场份额。通过运用如人工智能、物联网或区块链等先进技术，企业能够开发新产品，提供差异化的客户体验，从而在竞争激烈的市场中脱颖而出。

然而，数字化转型并非一蹴而就，它需要企业领导者具备远见卓识，制定明确的战略目标，以及员工的全力支持和适应。企业数字化转型不是一个独立的项目，而是一个持续改进的动态过程，需要企业持续学习和

投资。

因此，做好企业的数字化转型项目，需要有效地运用项目管理的系统方法。

2. 项目管理帮助企业顺应环境变化，实现技术革新

项目管理在帮助企业顺应市场变化和实现技术革新中扮演着至关重要的角色。通过系统的方法和结构化的过程，项目管理能够确保企业在动态变化的环境中有效地引入和实施新技术，同时保持业务目标与市场需求紧密对齐。

1）项目管理提供了一个清晰的框架，帮助企业明确项目目标、规划路径和分配资源。这种结构化的方法使企业能够有序地推进技术革新，确保每一步都符合总体战略目标。通过设定可衡量的里程碑和关键绩效指标，项目管理还能帮助企业监控进度，确保项目按计划进行，及时调整策略，以应对不可预见的挑战。

2）项目管理强调跨部门合作和沟通。在数字化转型的过程中，不同部门的密切协作至关重要。项目管理通过确保信息流畅传递，促进各团队之间的协同工作，确保技术解决方案不仅符合技术要求，也满足业务需求和客户期望。这种协作方式加速了创新的实施，提高了新技术整合的效率和效果。

3）项目管理通过风险管理和质量保证，帮助企业减少技术革新的不确定性，降低潜在风险。通过识别潜在风险、评估其影响，并制定应对策略，项目管理确保企业在追求创新的同时，能够控制风险，保护企业免受重大损失。同时，通过确保项目符合既定的质量标准，项目管理帮助企业维持产品和服务的优质水平，增强客户信任和市场竞争力。

4）项目管理促进了持续学习和改进。通过对每个项目的复盘和评估，企业能够从成功中总结经验，从失败中汲取教训，不断优化和改进项目管理实践能力。这种持续的学习过程使企业能够更好地适应市场变化，快速吸收和应用新技术，从而在激烈的竞争中保持领先。

总的来说，项目管理通过提供结构化的方法、促进跨部门合作、降低风险，以及推动持续学习和改进，为企业顺应市场变化和实现技术革新提供坚实的支撑。

3. 项目管理在数字化转型项目周期中的关键作用

项目管理在数字化转型项目的各个阶段都发挥着至关重要的作用，从而确保项目的成功和企业战略目标的实现，具体如图 1-1 所示。

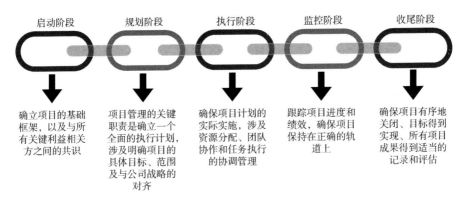

图 1-1　项目管理在数字化转型项目各阶段中的关键作用

1）在启动阶段，项目管理扮演着至关重要的角色，聚焦于确立项目的基础框架和与所有关键利益相关方之间的共识。首先，项目团队需要与利益相关方共同定义清晰的项目愿景和目标，确保这些目标与公司的整体战略相符合。其次，确定关键利益相关方并组建一个具有所需技能的项目团队是此阶段的核心任务，包括选择合适的项目经理和核心团队成员。再次，进行初步的风险评估，识别潜在的风险因素并制定相应的应对策略，是降低风险对项目成功的影响的关键步骤。然后，明确项目的范围、主要输出、目标成果及资源需求，确保项目有清晰的执行路线图和所需的预算支持。最后，建立一个清晰的项目治理架构至关重要，包括决策过程、沟通计划和项目报告体系的设立，确保项目管理过程中的透明性和责任明确。在项目启动阶段，这些关键步骤的质量是数字化转型的基础，将对整个项目生命周期的成功产生决定性影响。

2）在规划阶段，项目管理的关键职责是确立一个全面的执行计划，这涉及明确项目的具体目标、范围及与公司战略的对齐。项目管理团队必须进行详尽的市场分析、资源评估和需求搜集，以确保所有利益相关方对项目的预期成果理解的一致性。此外，详细的任务规划、时间进度设置和预算制定也是此阶段的关键。通过这些步骤，项目管理不仅能够为项目打下坚实的基础，还能够确保项目目标的可实现性和计划实施的可行性。

3）在执行阶段，项目管理的重点转向确保项目计划的有效实施。这一阶段包括密切的资源分配、团队协作和任务执行的协调管理。通过有效的领导方法和沟通技巧，项目管理确保团队成员明确职责、协同工作，并有效解决在执行过程中遇到的问题。项目管理还需具有高度的适应性和灵活性，以便在面对项目执行中的不确定性和变化时，能够迅速改进计划和策略，维持项目的动态平衡。

4）在监控阶段，项目管理的重点是跟踪项目进度和绩效，确保项目保持在正确的轨道上，包括定期检查项目里程碑、监控成本和时间进度、评估项目风险。通过实时的数据收集和分析，项目管理能够提供关键的洞察力，帮助项目经理做出合理的决策，及时调整策略以应对挑战。

5）在收尾阶段，项目管理聚焦于确保项目的有序结束、目标的实现、所有项目成果得到相应的记录和评估，包括确保所有合同条款得到满足、最终产品或服务达到预定的质量标准、所有利益相关方对项目结果满意。此外，项目管理强调从每个项目中学习，通过组织会议回顾和知识总结，提取并记录项目中的经验教训，为未来此类项目和项目管理方法的持续改进提供参考。

通过以上这 5 个关键阶段，项目管理将确保数字化转型项目的成功，奠定坚实的基础，确保项目不仅能够满足当前的业务需求，还能够为企业的长期发展和市场竞争力增强做出贡献。

4. 缺乏有效的项目管理可能导致的风险和挑战

缺乏有效的项目管理可能导致许多风险和挑战，不仅会降低项目的成功率，还会对整个组织造成长远的影响。下面列举两个行业案例进行说明。

1）IT 行业案例。在 IT 行业中，一个典型的例子是软件开发项目的失败。一家企业为了改善其内部流程，决定开发一个新的资源管理系统。由于缺乏有效的项目管理，在项目初期没有清晰地定义需求和目标。随着项目的推进，需求不断变更，但项目变更管理流程不规范，导致开发团队频繁调整方向，资源浪费严重。此外，由于缺乏足够的风险管理，项目在遇到技术和资源瓶颈时没有及时的应对策略，最终超出预算，错过了交付期限，并且最终交付的系统无法满足业务需求，导致项目失败。

2）电力能源行业案例。以建设一个大型风力发电场为例。在项目开始时，由于缺乏有效的项目可行性研究，对地理和气候条件的评估不充分，导致选址不佳。在做项目规划时，由于计划不完整，导致出现项目范围蔓延、项目预算不足。在项目执行过程中，由于风险预判不足，出现技术瓶颈和供应链断货的风险。基于这些问题，项目不得不延期，成本超支，甚至面临项目被取消的风险。

以上这两个例子表明缺乏有效的项目管理可能带来的风险和挑战，项目延期、超预算、质量不达标及利益相关方满意度低等问题都可能因为项目管理不善而发生。因此，无论在哪个行业，有效的项目管理都是确保项目成功和实现预定目标的关键因素。

二、传统项目管理框架

1. 传统项目管理方法

传统项目管理方法，如瀑布模型、PRINCE2®和PMBOK®，是项目管理领域内长期以来经过验证的代表性方法，它们为项目的规划、执行和监控提供了清晰的指导和架构。

（1）瀑布模型

瀑布模型是一种序贯（线性）项目管理方法，通常用于软件开发。它将项目分为几个严格排序的阶段，包括需求收集、设计、实现、测试、部署和维护，每个阶段都必须在进入下一阶段之前全部完成。这种模型的优点是简单、直观，适合需求明确且不太可能发生变化的项目。瀑布模型的缺点是缺乏灵活性，不适合需求频繁变动的项目。

（2）PRINCE2®（Projects IN Controlled Environments，受控环境下的项目管理）

PRINCE2®是一种流程导向的项目管理方法，非常注重项目计划、组织和控制。这种方法将项目分解为可管理和可控的阶段，并注重从项目案例的制定到项目计划、监控、管理和关闭的每个环节。PRINCE2®的特点是具有灵活性和普适性，适用于任何类型和规模的项目。此外，它还提供了明确的模板、过程和步骤，有助于标准化项目管理实践。

（3）PMBOK® （Project Management Body of Knowledge，项目管理知识体系指南）

PMBOK®是由项目管理协会（PMI）发布的指南，它描述了项目管理的最佳实践、流程和术语。PMBOK®认为项目管理由五大过程组（启动、规划、执行、监控和收尾）和10个知识领域（整合管理、范围管理、进度管理、成本管理、质量管理、资源管理、沟通管理、风险管理、采购管理、利益相关方管理）组成。PMBOK®是PMP® （Project Management Professional）认证的基础，是公认的项目管理领域的权威知识体系。

这些传统的项目管理方法和知识体系，虽然各有特点，但都强调了规划的重要性、阶段的划分，以及对质量、时间和成本的严格控制。在选择合适的项目管理方法时，重要的是考虑项目的特性、团队的工作方式及组织的文化，以确保项目的顺利进行和成功完成。

2. 传统项目管理的优势与局限

在数字化转型项目中，瀑布模型、PRINCE2®和PMBOK®等传统项目管理方法各有优势和局限性，在应用时需考虑项目特性和组织环境。

（1）瀑布模型的应用

1）优势。对于需求明确且不太可能发生大变动的数字化转型项目，瀑布模型能够提供一个有序的步骤，确保项目的各个阶段都能按照计划完成。这种模型特别适合对时间、预算和资源限制较为严格的项目。

2）局限性。在快速变化的数字化环境中，项目需求往往难以一开始就完全定义清楚，且可能会随着项目的推进而发生变化。瀑布模型的线性和顺序特性使得它在适应这些变化方面显得较为僵硬，一旦进入下一个阶段，返回修改前面阶段的工作会非常困难且成本高昂。

（2）PRINCE2®的应用

1）优势。PRINCE2®在数字化转型项目中的优势在于其对项目管理的高度结构化和标准化，提供明确的指导和流程，有助于确保项目目标、质量和风险得到有效控制，以及其灵活性允许项目经理根据项目环境和需求调整管理方法和过程。

2）局限性。尽管 PRINCE2®具有灵活性，但其对过程和文档的要求可能在一些快节奏、需求快速变化的数字化转型项目中显得工作量繁重。此外，对于小型或创新型项目，PRINCE2®的标准化程度会限制团队的创造力和适应性。

（3）PMBOK®的应用

1）优势。PMBOK®提供了一套全面的项目管理指南，覆盖项目管理的各个方面。这种全面性确保了项目管理过程的完整性和连续性，有助于加强数字化转型项目的系统性管理。

2）局限性。虽然 PMBOK®提供了广泛的知识和实践，但其本身并不是一种特定的方法论。在应用 PMBOK®时，组织需要将这些最佳实践与具体项目实际结合，这需要较高的定制化和适应性。此外，PMBOK®的内容繁多，对于一些团队来说，可能需要较长时间掌握和应用这些知识。

虽然这些传统方法在数字化转型项目中具有一定的优势，如结构清晰、风险可控等，但在适应快速变化的需求、促进团队协作和创新方面仍存在局限性。因此，组织在采用这些方法时，需要结合敏捷或其他更加灵活的项目管理方法，以更好地适应具体数字化转型项目的特点和需要。

3. 传统项目管理方法的裁剪应用

由于数字化转型项目的独特性，传统的项目管理方法并不能直接使用，需要加以调整和裁剪。通过案例研究，可以深入了解如何在特定情况下应用或调整传统的项目管理框架，以适应项目需求和组织环境。以下用一个实例说明如何在一个具体的项目环境中调整和应用瀑布模型。

（1）案例背景

某大型金融服务公司决定升级客户关系管理系统（CRM 系统），以提高服务质量和操作效率。项目的初步需求是集成新的数据分析功能和提升用户界面的互动性。

（2）应用和调整瀑布模型

虽然通常认为瀑布模型在需求不断变化的数字化转型项目中较为僵硬，但项目团队决定基于以下理由选择这个模型：项目需求相对明确，且项目的各个阶段需要严格的审查和文档记录，以满足金融行业的合规要求。

1）需求精确化。在项目启动阶段，团队进行了广泛的利益相关方访谈和市场研究，以确保需求全面和精确。这一步骤帮助团队明确了项目的具体目标和预期成果。

2）阶段交付和反馈及时。虽然瀑布模型通常不鼓励在阶段间进行迭代，但为了提高灵活性，团队在每个阶段的末尾都安排了审查和反馈环节。这使得项目能够在进入下一个阶段前，根据利益相关方的反馈做出及时调整。

3）风险管理强化。鉴于金融行业的特殊性，项目团队在每个阶段都实施了额外的风险评估和缓解措施。通过这种方法，团队能够及时识别潜在问题，并采取预防措施，以避免项目延误或超支。

4）合规与质量保证。在设计和实施阶段，团队特别强调了系统的安全性和合规性。通过与合规部门的紧密合作和定期的质量审查，确保项目最终产品符合行业标准和相关政策要求。

通过这些调整和应用，该大型金融服务公司成功升级了 CRM 系统，不仅提升了操作效率和客户满意度，还确保了项目的合规性和质量标准。这个案例证明了即使是传统的项目管理方法，通过适当的调整和灵活的应用，也能有效地适应特定项目的实际需求。

三、数字化转型项目管理理论依据

1. 数字化转型项目管理的理论框架

数字化转型项目管理是一项复杂的任务，需要灵活性、高效率和对快速变化环境的适应能力。在这一背景下，敏捷管理和精益管理的理论框架被广泛应用，并在 PMBOK®第七版中得到了进一步的发展和整合。以下是对这些理论框架的简述。

（1）敏捷管理

敏捷管理是一种以人为核心、迭代、自适应的项目管理方法。它强调价值和可用性，鼓励快速和灵活地响应变化。敏捷管理支持通过短的、可管理的工作周期（又称为"冲刺"或"迭代"）逐步完成项目。在数字化转型项目中，敏捷管理允许团队快速适应技术、市场和客户需求的变化。敏捷管理的核心原则包括客户合作、响应变化、团队之间的紧密协作等。

（2）精益管理

精益管理源自制造业，强调消除浪费、优化流程、提升效率和质量。在项目管理中，精益思想帮助团队识别和消除一切不增加价值的活动，确保资源被用于增加客户价值的工作中。在数字化转型项目中，采用精益管理可以帮助组织更快地交付产品和服务，同时确保较高的效率和质量。

（3）PMBOK®第七版

PMBOK®第七版对项目管理的理论和实践进行了较大幅度的更新，特别强调了价值的概念和项目交付的原则。这个版本不再是过程导向，而是原则导向，提供了一套更加灵活和适应性强的工具和技术。在数字化转型项目管理中，PMBOK®第七版可以帮助项目经理和团队更有效地整合敏捷和精益管理的理论框架，使项目管理的实践能够适应快速变化的环境，满足不断发展的业务需求。

通过结合敏捷管理、精益管理及PMBOK®第七版的内容，项目经理可以建立一个适应性强且具灵活性的项目管理框架，以支持组织的数字化转型。这种综合方法不仅能够提高项目的成功率，还有助于确保项目成果为组织带来可实现的价值和可持续的竞争优势。

2. 促进企业适应快速变化的市场和技术环境

在当前快速变化的市场和技术环境中，敏捷管理、精益管理及PMBOK®第七版所代表的理论框架为企业提供了必要的工具和思维方式，帮助他们有效应对挑战并抓住成长机遇。以下将讨论如何通过这些理论框架帮助企业灵活适应市场和技术的快速变化，从而保持竞争力并实现持续发展。

（1）敏捷管理的适应性

敏捷管理以其迭代和自适应的特性，能够使企业快速响应市场变化。利用较短的迭代周期和持续的客户反馈，企业可以持续调整产品方向和特性，确保产品始终符合客户需求和市场趋势。这种方法减少了因市场变化而导致的风险，并提升了产品成功的概率。

（2）精益管理的效率优化

精益管理强调去除浪费、提升流程效率和响应速度，这对于企业适应技术快速进步和竞争日益激烈的市场尤为重要。通过识别和消除不增加价值的流程，企业能够更快地推出新产品和服务，同时降低成本，提高客户满意度。

（3）PMBOK®第七版的灵活性和价值导向

PMBOK®第七版通过原则导向的方法提供了项目管理的灵活性，这使得企业能够根据具体项目和组织的需求定制管理实践。此外，这个版本强调了价值的概念，鼓励企业不仅要关注交付成果，还要确保这些成果真正地为客户和组织创造价值。这种价值导向的方法能够帮助企业更好地将项目成果与商业目标和客户需求对齐。

（4）促进创新和持续改进

在数字化转型的过程中，敏捷和精益管理的实践有助于鼓励团队不断寻求改进和创新。这包括流程的优化、产品功能的创新，以及新技术的采用，所有这些都是为了更好地适应市场的变化和提升客户体验。通过持续迭代和对市场反馈的快速响应，这种管理文化确保企业在数字化转型的过程中持续进化和适应，抓住新机遇，并在激烈的市场竞争中保持领先。

通过应用这些理论框架，企业不仅能够适应当前的市场和技术环境，还能够为未来的变化做好准备。这种适应能力、效率、价值导向和对创新的持续追求是企业在这个充满挑战和机遇的时代取得成功的关键。

3. 促进跨部门合作、思维创新和持续改进

敏捷管理、精益管理及PMBOK®第七版的理论框架不仅支持企业更好地应对快速变化的市场和技术环境，还能促进跨部门合作、激发创新思维和推动持续改进。以下是对这些理论如何在这些方面发挥作用的分析。

（1）促进跨部门合作

敏捷管理强调团队协作和沟通。通过每日站会、迭代评审和回顾，团队成员和利益相关方能够持续交流，分享进度和挑战。这种透明和开放的沟通方式鼓励跨部门合作，使不同部门能够有效地协同工作，共同实现项目目标。

精益管理通过流程优化和去除浪费，鼓励部门间的紧密协作，通过识别并消除跨部门流程中的瓶颈和浪费，使工作流程更流畅，提高整个组织的效率和响应速度。

（2）激发创新思维

敏捷管理通过迭代的工作方式和持续的客户反馈，为创新提供了条件。团队被鼓励尝试新想法，并快速地从市场反馈中学习。这种快速试错和调整的过程激发了创新思维，使团队能够开发出创新的产品和解决方案。

PMBOK®第七版以其原则导向和灵活性，为创新提供了空间。通过强调价值和结果，而不仅仅是遵循过程，PMBOK®第七版鼓励项目团队探索新的方法和技术，以更有效地达成项目目标。

（3）推动持续改进

敏捷管理中的迭代回顾和反思环节是持续改进的关键。在每个迭代结束时，团队会评价什么工作做得好、什么工作可以改进，之后在下一个迭代中实施这些改进。这种持续的自我评估和调整推动了项目进程和产品的持续改进。

精益管理的核心是持续改进。通过持续寻求消除浪费和优化流程的机会，精益管理鼓励组织和个人不断寻找提高效率和质量的方法。

这些理论框架通过促进跨部门合作、激发创新思维及推动持续改进，为组织提供了在复杂和不断变化的环境中取得成功的关键能力。通过实施这些理论，组织可以建立一种更加协作、创新和自适应的文化，从而在市场中保持竞争力。

四、数字化转型项目管理框架

1. 传统项目管理与数字化转型项目管理的异同

传统项目管理是基于需求范围，根据项目范围估算完成工作所需的资源、时间和成本。在项目生命周期中采用五大过程组、10 个知识领域开展项目管理活动，此类项目管理是在假设需求范围明确的前提下，为传统项目的管理提供一套结构严谨、逻辑严密的项目管理方法论，如工程建设项目管理。

数字化转型项目管理是针对需求不明确，边收集需求、边开发建设、边运营维护、边迭代更新的项目开展的系列管理活动，如数据管理平台开发、终端应用的系统开发项目。该类项目往往伴随不确定性、复杂性、模糊性、易变性，采用传统的五大过程组和 10 个知识领域的结构化方式开展项目管理，过于结构化，难以适用。为此，数字化转型项目管理将采用敏捷方式或"敏捷+传统"的混合管理方式。根据数字化转型项目特征，数字化转型项目管理先确定周期时间和资源（人力资源和实物资源），即先构建系统愿景和版本规划，再确定版本的周期时间和每次迭代周期及每个周期的人力与成本投入，然后根据确定的周期时间和资源条件，以及需求实现的价值，安排需要完成的工作任务，并在此基础上动态调配资源。

传统项目管理与数字化转型项目管理的异同见表 1-1。

表 1-1　传统项目管理与数字化转型项目管理异同对照表

内容	传统项目管理	数字化转型项目管理
假设前提	需求明确	需求不明确
生命周期	预测型	敏捷或混合
制约因素	基于范围估算时间和资源	基于时间和资源确定范围
参照理论依据	过程组实践指南	敏捷实践指南
组织结构	相对结构化	相对柔性（自组织、自适应）
成果交付方式	定期或一次性	持续交付（迭代或增量）

2. 数字化转型项目管理框架的组成

根据数字化转型项目的特征，参考各种项目管理的理论和最佳实践，形成如图 1-2 所示的数字化转型项目管理框架。

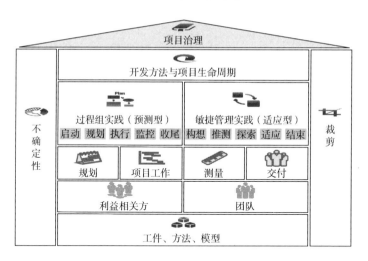

图 1-2　数字化转型项目管理框架图

图 1-2 是一个结构化的视觉工具，用于展示项目管理的关键组成部分及其相互关系。框架图通常用于展现一个复杂系统的各个要素，以及这些要素如何共同工作以支持整体目标的实现。在这个特定的框架图中，可以看到如下组成部分。

（1）项目治理

项目治理用于指导项目管理活动的框架、功能和过程，从而创造独特的产品、服务或结果，以实现组织、战略和运营目标，涉及决策权力的分配、项目的监控和透明度的保障。项目治理是通过一系列规则和流程管理项目的过程，这些规则和流程包括决策制定、资源分配、进度控制、风险管理、质量保证等方面，旨在确保项目能够按时按质地完成，并力求项目价值最大化。项目治理通常由项目经理和项目治理委员会共同负责，项目经理负责具体的项目实施，项目治理委员会则负责监督项目进展并决策。在项目治理中，透明度、问责制和风险管理是非常重要的，这样可以确保项目成功并最大限度地避免潜在的问题。

（2）开发方法

开发方法是在项目生命周期内创建和演变产品、服务或结果的方法。开发方法各不相同，不同的行业会使用不同的术语指代各种开发方法。以下 3 种常用开发方法是预测型方法、混合型方法和适应型方法，如图 1-3 所示。

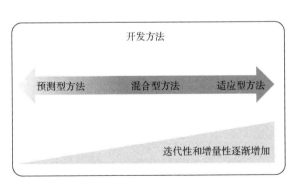

图 1-3　3 种常用开发方法

1）预测型方法。项目之初，定义、收集和分析项目和产品需求时，预测型方法非常有用。这种方法也可称为瀑布型方法。当涉及重大投资和高风险，需要频繁审查、改变控制机制及在开发阶段之间重新规划时，也可以使用这种方法。因为早期可以明确项目范围，估算进度、成本和资源，识别主要风险，所以在项目执行过程中的资源投入和工作效率相对稳定。这种开发方法使项目团队能够在项目早期降低不确定性的风险，并提前完成大部分规划工作。预测型方法虽然可以通过概念验证开发探索各种选项，但大多数项目工作都遵循临近项目开始时制订的计划。在多数情况下，采用这种方法的项目都可借鉴以前类似项目的模板。

在预测型方法中，通常通过传统的五大过程组进行管理，包括启动、规划、执行、监控和收尾。

- 启动过程组是定义一个新项目或现有项目的一个新阶段，授权开始该项目或阶段的一组过程。
- 规划过程组是明确项目范围、优化目标，为实现目标制定行动方案的一组过程。
- 执行过程组是完成项目管理计划中确定的工作，以满足项目要求的一组过程。
- 监控过程组是跟踪、审查和调整项目进展与绩效，识别必要的计划变更并启动相应变更的一组过程。
- 收尾过程组是正式完成或结束项目、阶段或合同所执行的过程。

2）混合型方法。混合型方法是适应型方法和预测型方法的结合体。这意味着，预测型方法中的某些要素和适应型方法中的某些要素都会用到。当需求存在不确定性或风险时，这种开发方法非常有用。当可交付物可以模块化时，或者当产生可由不同项目团队开发的可交付物时，混合型方法也很有用。混合型方法比预测型方法更具适应性，但不如纯粹的适应型方法的适应性强。

3）适应型方法。适应型方法特别适用于需求高度不确定且易变的情况，这些需求会在整个项目期间随时发生变化。在项目初期，确立一个明确的愿景后，根据用户反馈、环境变化或意外事件，逐步完善愿景目标和调整最初的需求。适应型方法主要包括迭代型和增量型方法，其迭代周期往往较短，产品的发展更加依赖于利益相关方的持续反馈。此方法通过一个构想、推测、探索、适应和结束的迭代周期管理项目，与传统的瀑布模型相比，更适合应对数字化转型中的不确定性和快速变化。

（3）项目生命周期

项目生命周期中项目阶段的类型和数量取决于许多变量，其中主要是交付节奏和开发方法。项目生命周期中阶段的示例包括：

1）可行性研究阶段。此阶段会确定商业论证是否有效及组织是否有能力交付预期成果。

2）设计阶段。通过规划和分析，可以设计将要开发的项目可交付物。

3）构建阶段。通过整合的质量保证活动实施构建可交付物。

4）测试阶段。在移交、上线或客户验收之前，会对可交付物进行最终质量审查和检查。

5）部署阶段。项目可交付物投入使用，且持续稳定、实现收益和组织变革管理所需的移交活动均已完成。

6）收尾阶段。项目收尾时，要存档项目知识和工件，解散项目团队成员，并关闭合同。

项目阶段通常设有阶段关口，以便在进入下一阶段之前检查是否已达到预期成果或满足当前阶段的退出标准。退出标准与可交付物、合同义务、满足特定绩效目标或其他有形措施的验收标准密切相关。

（4）利益相关方

项目由人实施，实施为人。这一绩效域需要与利益相关方合作，争取他们的参与以便保持一致，培养积极的相互合作支持关系，提高各方的满意度。利益相关方包括个人、群体和组织。一个项目可能有为数不多的利益相关方，也可能有数百万个潜在利益相关方，且项目的不同阶段也可能有不同的利益相关方。随着项目的开展，利益相关方的影响、权力或利益都有可能发生变化。数字化转型项目则涉及更广泛的利益相关方，包括数据科学家、信息技术专家和业务创新团队等。

利益相关方参与是通过实施特定的策略和行动确保其有效地参与项目。这一参与过程应在项目启动前或启动初开始，并持续贯穿整个项目周期。利益相关方参与按以下阶段进行：识别、理解、分析、设定优先级、参与和监督。

（5）团队

团队是开展项目管理的基本单元，是项目管理中的决定性因素。数字化转型项目更依赖人的技术专长和创新能力，一个稳定、高效、协作良好的团队能够极大地促进项目的顺利实施，需要更多样的协作工具使用和虚拟团队协作。在该部分需要关注项目团队的管理和领导力、项目团队文化、高绩效项目团队建设、领导力技能等诸多方面。

1）项目团队的管理和领导力。项目管理需要将人的知识技能和工具技术融合应用于管理活动和领导力活动。管理活动聚焦于实现项目目标的手段，如制定有效的程序、规划，以及协调、测量和监督工作等。领导力活动聚焦于人，包括影响、激励、倾听、促进，以及与项目团队相关的其他活动。这两个方面是交付预期成果的重要保障。

2）项目团队文化。每个项目团队形成自己的团队文化。项目团队文化可以通过制定项目团队规范有意识地引导形成，也可以通过团队成员的行为和行动无意识地自然形成。项目团队文化在组织文化中运作，反映了项目团队中个体的工作和互动方式。

3）打造高绩效项目团队建设。有效领导的一个目标是打造高绩效项目团队。有许多因素有助于打造高绩效项目团队，以下虽然并没有完全列举，但确定了一些与高绩效项目团队相关的因素。

• 开诚布公的沟通。在可促进开诚布公和安全地沟通的环境中，人们可以举行富有成效的会议或者开展头脑风暴等活动。这也是形成共识、信任和协作的直接方式。

• 共识。团队共享项目的目的及其将带来的收益。

• 共享责任。项目团队成员对成果的主人翁意识越强，他们表现得就越好。

• 信任。成员相互信任的项目团队愿意付出额外的努力取得成功。如果人们不信任自己的项目团队成员、项目经理或组织，就不太可能去做额外工作以取得成功。

• 协作。团队成员相互协作与合作，而非单打独斗或彼此竞争，会产生更加多样化的想法，最终会获得更好的成果。

• 适应性。项目团队能够根据环境和具体情况调整工作方式，使工作更加有效。

• 韧性。当出现问题或故障时，高绩效项目团队可以快速恢复。

• 赋能。赋予项目团队成员就工作方式做出决策的权利。

• 认可。项目团队因开展的工作和所取得的绩效而获得认可，促使其继续取得出色绩效。即使是表达赞赏这样的简单举动，也有利于强化团队的积极行为。

4）领导力技能。领导力技能对于所有项目团队成员都很有用，无论项目团队是在集权式环境中工作，还是在实行共享式领导制度的环境中工作。领导力技能体现在激发批判性思维、建立和维护目标愿景、有效激励、人际关系技能 4 个方面。

（6）规划

规划是通过积极主动地制定一种方法来创建项目可交付物。项目可交付物会推动项目所要取得的成果。高层级规划可以在项目批准授权之前开始。项目团队会逐步制定初始项目文件，如愿景陈述、项目章程、商业论证或类似相关文件，以识别或定义相互合作、实现预期成果的方法。

在项目开始之前和整个项目期间，规划所花费的时间应根据具体情况确定。若花费比实际所需更长的时间进行规划，则属于低效行为。因此，从规划中获得的信息应足以用适当方式推进工作，但这些信息不应超过必要的细致程度。项目团队会使用规划工件确认利益相关方的期望，并向利益相关方提供信息，以便他们做出决策、采取行动，使项目目标与利益相关方的目标保持一致。

规划时还需要考虑交付周期、项目估算、项目进度、项目预算、项目团队的组成和结构、沟通、实物资源、采购、项目变更、项目的度量指标和一致性等内容。

（7）项目工作

项目工作涉及建立过程和执行过程，以便项目团队能够交付预期的可交付物和成果。项目工作可使项目团队保持专注，并使项目活动顺利进行。这些工作包括但不限于：

1）管理现有工作、新工作和工作变更的流程。

2）使项目团队保持专注。

3）建立高效的项目系统和流程。

4）与各利益相关方的沟通。

5）管理材料、设备、用品和物流。

6）与采购专家和供应商合作，以规划采购过程、管理采购合同。

7）监督可能影响项目的变更。

8）促进项目学习和知识转移。

（8）交付

项目支持战略执行和商业目标的推进。项目交付聚焦满足需求、范围和质量期望，产生预期的可交付物，以实现预设的项目成果。项目通过开发新产品或服务、解决问题或修复有缺陷或次优的特性提供商业价值。项目通常会交付多项成果，而各利益相关方会根据自身的需求和目标给这些成果赋予不同的优先级和价值。

项目需要交付价值。项目使用的开发方法，应支持在整个项目生命周期内发布可交付物，并在项目期间能够开始向业务、客户或其他利益相关方交付价值。在项目生命周期结束时交付大量可交付物的项目会在初始部署后产生价值。

在原先的项目结束后的很长时间内，往往还可以继续获得商业价值。通常，较长的产品和项目生命周期，有利于测量项目早期带来的收益和价值。在数字化转型项目中，交付通常是连续的，而非一次性的，主要是为了快速实现价值。

（9）测量

测量涉及评估项目绩效和实施适当的应对措施，以保持最佳绩效。测量会评估交付完成的工作在多大程度上符合规划绩效域中确定的度量指标，如可以使用规划中确定的基准测量和评估绩效。拥有关于项目工作和绩效的及时和准确的信息，能够使项目团队了解并确定采取哪些适当措施解决与预期绩效相比的当前或预期偏差。

通常会出于多种原因使用测量指标，包括：

1）对比计划评估绩效。

2）跟踪资源利用情况、已完成的工作、支出的预算等。

3）表明担责情况。

4）向利益相关方提供信息。

5）评估项目可交付物是否处于正轨，能否交付计划收益。

6）聚焦关于权衡、威胁、机会和选项的对话。

7）确保项目可交付物符合客户验收标准。

测量的价值，不在于收集和传播数据，而在于如何使用数据以采取适当行动的对话，为数字化转型项目建立更实时、更综合的数据分析和反馈机制。因此，测量的大部分内容虽然涉及可以捕获的各种类型的测量指标，但这些测量指标的使用是在其他绩效域的活动背景下发生的，如项目团队和利益相关方讨论、协调项目工作等。

（10）不确定性

项目存在于不同程度的不确定性环境中。不确定性表现为威胁和机会，项目团队可以探索、评估并决定如何处理它们。最广义的不确定性是一种不可知或不可预测的状态。不确定性有许多细微差别，例如：

1）与不可知未来事件相关的风险。

2）与不了解当前或未来状况相关的模糊性。

3）与具有不可预测结果的动态系统相关的复杂性。

成功驾驭不确定性首先要了解项目运行的大环境。造成项目不确定性的环境因素包括但不限于：

1）经济因素，如价格波动、资源可用性、借款能力、通货膨胀/通货紧缩。

2）技术因素，如新技术或新兴技术、与系统相关的复杂性及接口。

3）法律的或者立法的约束或要求。

4）与安全、天气和工作条件相关的物理环境。

5）与当前或未来条件相关的模糊性。

6）由舆论和媒体塑造的社会和市场影响。

7）组织外部或内部的政治影响。

这些涉及不确定性的方面、影响（如项目风险）及应对方案。数字化转型项目通常面临更大的不确定性，需要采取更多的风险缓解措施和灵活应对策略。

（11）裁剪

裁剪是对有关项目管理方法、治理和过程深思熟虑后做出的调整，目的是使工作和管理方法更适合特定环境。裁剪旨在更好地满足组织、运行环境和项目的需要。

裁剪过程要考虑诸多变量因素，包括项目的重要性和所涉及利益相关方的数量。例如，关键项目（如开发一个大规模的云计算基础设施）所需的严谨、制衡和报告的要求显然远远高于开发一个简单的内部通信应用程序。

在项目环境中，裁剪会考虑开发方法、过程、项目生命周期、可交付物及工作人员的选择。数字化转型项目更可能需要采用定制化的管理方法应对特定技术或业务模型的需求。

进行裁剪时，需要了解项目的背景、目的和运行环境。项目的运行环境非常复杂，需要平衡下列潜在的互相矛盾的要求，包括但不限于：

1）尽快交付。

2）最小化项目成本。

3）优化所交付的价值。

4）创建高质量的可交付物和成果。

5）遵守监管标准。

6）满足不同利益相关方的期望。

7）适应变化。

可以裁剪的项目方面包括：

1）项目生命周期和开发方法的选择。项目生命周期指项目从开始到结束所经历的一系列阶段。开发方法指在项目生命周期内用于创建并改进产品、服务或结果的方法，如预测型、迭代型、增量型、敏捷型。其裁剪包括决定项目生命周期及阶段，以及选择合适的开发方法。

2）过程。针对选定项目生命周期的过程裁剪和开发方法，包括对过程的增加、修改、取消、混合和调整。

3）参与。这里涉及的裁剪包括对人员、赋能和整合的裁剪。

4）工具。选择项目团队将用于项目的工具（如软件或设备）是裁剪的一种形式。通常，项目团队最了解适合项目实际情况的工具。

5）方法和工件。对将用于实现项目成果的方法进行裁剪，以便这些方法适合项目所处的环境和文化。而对将用于项目的文档、模板和其他工件进行裁剪，有助于确保工件适合项目和组织。

（12）工件、方法、模型

工件、方法、模型的定义如下：

1）工件。工件可以是模板、文件、输出或项目可交付物。

2）方法。方法是获得成果、输出、结果或项目可交付物的方式。

3）模型。模型是解释过程、框架或现象的一种思考策略。

在项目管理中使用工件、方法和模型有以下 5 个方面重要作用：

1）知识共享和传承。工件、方法和模型是项目管理经验和知识的具体表达和记录。它们可以帮助团队成员进行知识共享和传承，确保项目管理的一致性和连续性。

2）提高效率和一致性。通过使用标准化的工件、方法和模型，可以提高项目管理的效率和一致性。团队成员可以根据这些工件、方法和模型执行任务和决策，避免重复工作和误解，减少错误和降低风险。

3）降低风险。工件、方法和模型通常包含项目管理实践中的最佳经验和教训。通过使用这些工件、方法和模型，可以更好地识别和管理项目风险，提高项目成功的概率。

4）支持决策制定。工件、方法和模型提供了结构化的信息和数据，可以作为决策制定的依据。它们可以帮助项目经理和团队成员做出明智的决策，并为项目的进展提供指导。

5）提供参考和学习资源。工件、方法和模型对于新加入的团队成员来说尤其有价值。它们可以作为学习和参考的资源，帮助新成员快速了解项目管理的要求和实践，更好地融入团队。

使用工件、方法和模型可以提高项目管理的效率、一致性和风险管理能力，同时提供决策支持和学习资源。这些工具和框架是项目管理不可或缺的一部分。

（13）各组成部分之间的关系

如数字化转型项目管理框架图（图 1-2，以下简称"框架图"）所示，各部分内容之间的关系构建为项目管理的全景，展示了如何通过不同的管理实践、流程和团队互动实现项目目标。下面详述这些内容之间的相互关系。

1）项目治理、开发方法和生命周期。项目治理提供了决策框架和监管结构，确保所选择的开发方法和项目生命周期与组织的目标和治理模型一致。它决定了如何进行项目规划、监控和控制。

2）预测型过程组实践与敏捷管理实践。预测型过程组实践与敏捷管理实践代表项目管理的两种不同方法，它们需要在项目治理的指导下进行选择和应用。项目的具体情况，如复杂度、需求的稳定性和交付的紧急性，将决定采用哪种方法或哪些方法的组合。

3）规划与项目工作。规划确定了项目工作的范围和方向，而项目工作是实施规划的具体行动。良好的规划能够指导项目工作有效进行，确保项目活动按照既定的路径推进。

4）利益相关方与团队。利益相关方的需求和期望直接影响团队的工作重点和优先级。团队需要与利益相关方保持沟通，了解他们的视角，以确保项目成果能满足他们的要求。

5）测量与交付。测量提供了关于项目性能和进展的数据，这些数据对于确保项目按计划交付至关重要。通过对关键性能指标的监控，项目团队可以调整工作以改善结果。

6）不确定性与裁剪。不确定性要求项目团队采用风险管理策略，而裁剪是调整项目管理实践以更好地应对这些不确定性。在裁剪过程中，需要考虑项目所面临的特定风险和挑战，以选择最合适的管理方法和工具。

7）工件、方法、模型与所有活动。工件、方法和模型是执行项目活动所使用的具体工具和资源。它们支持项目治理、规划、执行、监控和控制等全部过程，是项目管理实践得以实施的基础。

通过这些相互关联的组成部分，框架图展示了项目管理中不同活动如何协同工作，以及项目团队如何通过整合不同的技能和工具实现项目目标。这种全面的视角确保了项目管理的每一个环节都能够在组织的大方向下协调一致地推进。

（14）框架如何适应数字化转型的特殊需求和挑战

数字化转型是一种全面重塑企业运营模式、文化和客户体验的过程，它涉及引入新技术、更新业务流程、改变组织结构，并最终实现提升效率和增加价值。这一过程带来了特殊的需求和挑战，下面是对于该框架如何适应这些需求和挑战的分析。

1）快速迭代和适应性。数字化转型要求快速应对技术和市场的变化。敏捷管理实践提供了一种灵活的方法论，允许项目以短的迭代进行，这样可以快速收集、反馈并进行必要的调整。PMBOK®第七版则强调原则而非严格的流程，提供了适用于这种快速变化环境的灵活性方法。

2）跨部门协作。数字化转型常常需要跨部门协作。框架图中的利益相关方和团队元素强调了沟通和协作的重要性，有助于确保技术解决方案与业务需求保持一致，并且所有利益相关方的期望都得到满足。

3）风险管理。在数字化转型项目管理过程中，组织会面临许多不确定性和风险，框架图通过突出不确定性的管理应对这些挑战。通过采用敏捷和精益的方法，组织可以更加灵活地识别和应对风险。

4）定制化的解决方案。数字化转型不是一刀切的过程。框架图中的裁剪元素允许组织根据自身的特定情况和需求调整项目管理实践。这样的定制化确保了管理实践能够更好地服务于组织的具体转型需求。

5）持续的交付和测量。数字化转型项目需要能够持续交付价值，并对其效果进行测量。框架图的交付和测量部分强调了这一点，指出项目团队需要定期评估项目成果，并确保它们能够达到既定的业务目标。

6）综合运用工具和技术。数字化转型项目往往依赖于最新的技术和工具。框架图中的工件、方法、模型体现了必要的技术支持，这些工具和技术使得项目管理能够更加高效，并能够支撑复杂的数字化任务。

通过对这些元素的综合运用，该框架提供了一种综合性的方法应对数字化转型项目的特殊需求和挑战，从而帮助组织在变革的过程中实现目标，并最大化其价值。

五、数据管理能力域与管理模型

在数字化转型项目管理中，数据管理能力域与管理模型至关重要。这是因为数据管理能力域提供了一套框架和工具，使组织能够有效地收集、存储、处理、分析和利用数据，从而支持决策过程和业务优化。通过实施有效的数据管理模型，组织可以确保数据的质量、安全性和可用性，这是实现数字化转型成功的关键。数据管理还能帮助识别和解决数据相关的风险和问题，优化数据流程，提高效率。因此，在数字化转型项目管理中，建立和维护强大的数据管理能力域与管理模型，不仅有助于提升数据价值，还能增强组织的竞争力和适应性。

1. 数据管理及其在项目管理中的重要性

数据管理是对数据的收集、存储、维护、使用和共享进行规划、控制和监督的过程。在项目管理的背景下，数据管理尤为关键，因为它能支持决策过程，确保项目透明度，并提高效率和效果。

在项目管理中，数据管理的重要性体现在以下 6 个方面。

（1）决策支持

数据管理为项目经理和团队提供准确、及时的信息，帮助他们做出基于事实的正确决策。通过分析历史数据和实时数据，项目团队可以评估项目进展、预测趋势，并根据这些信息调整策略和计划。

（2）风险管理

有效的数据管理有助于识别和评估项目风险。通过持续监控关键绩效指标和其他相关数据，项目团队可以提前发现问题和偏差，采取预防或纠正措施减轻风险。

（3）资源优化

数据管理可以提高资源分配的效率和有效性。通过分析项目数据，团队能够更好地理解资源消耗模式，识别资源浪费的领域，并确保资源被有效利用。

（4）沟通和报告

数据管理提供了一个共享的信息基础，支持项目团队、利益相关方和客户之间的透明沟通。准确且一致的数据报告有助于建立信任，确保所有利益相关方都对项目的状态和进展有清晰的认识。

（5）质量控制

在项目管理中，数据管理有助于监控质量控制过程和标准的遵循情况。通过跟踪质量相关数据，如错误率、测试结果和客户反馈，项目团队可以及时调整工作，确保最终产品满足预期的质量标准。

（6）知识积累和学习

结构化的数据管理使项目的经验教训得以记录和存储，成为组织的宝贵资产。这些数据和知识可以在未来的项目中被重复利用，帮助组织复制成功的策略，避免重复错误，并不断改进和创新。

总的来说，数据管理在项目管理中发挥着至关重要的作用，它不仅支持项目的日常运作和决策制定，还对项目的成功和组织的持续改进有着深远的影响。

2. 数据管理的能力域

现阶段，大数据相关理论的发展相对滞后，特别是数据治理相关的理论。目前国内各类公司主要以国际咨询公司的理论框架或者国际数据管理协会的数据管理知识体系作为引导，但是这些理论基本没有考虑国内数据行业发展的现状和特性，且在国内的普及程度有待提高。这导致目前国内很多公司在数据管理方面的意识薄弱，管理方式各异，发展相对落后。在这一背景下，在对国内外相关理论实践进行充分研究的基础上，结合国内数据行业的特征和发展需要，中国电子技术标准化研究院牵头制定了国内第一个数据管理能力成熟度评估模型（DCMM），用于指导和规范国内各家单位的数据管理行为，促进国内大数据行业的科学发展。

DCMM 对组织的数据管理能力进行了分析、总结，提炼出组织数据管理的 8 个能力域，并对每项能力进行了二级能力项和发展等级的划分及相关功能介绍和评定指标的制定，描述了每个组成部分的定义、功能、目标和标准。该模型适用于信息系统的建设单位、应用单位等进行数据管理时的规划、设计和评估，也可以作为针对信息系统建设状况的指导、监督和检查的依据。

按照管理范围、管理能力，DCMM 将数据管理能力成熟度划分为 5 个等级，每个等级的概要描述见表1-2。

表1-2　DCMM 数据管理能力成熟度等级

等级	名称	描述
1	初始级	数据需求的管理主要是在项目级体现，没有统一的管理流程，主要是被动式管理
2	受管理级	组织已意识到数据是资产，根据管理策略的要求制定了管理流程，指定了相关人员进行初步管理

（续）

等级	名称	描述
3	稳健级	数据已被当作实现组织绩效目标的重要资产，在组织层面制定了系列的标准化管理流程，促进数据管理的规范化
4	量化管理级	数据被认为是获取竞争优势的重要资源，数据管理的效率能被量化分析和监控
5	优化级	数据被认为是组织生存和发展的基础，相关管理流程能实时优化，能在行业内进行最佳实践分享

在充分参考国内外研究成果的基础上，借鉴 DAMA 数据管理知识体系（DMBOK）中关于数据管理的定义，并根据国内数据管理的实际情况，定义了数据管理能力评估的 8 个能力域：数据战略、数据治理、数据架构、数据应用、数据安全、数据质量、数据标准、数据生命周期管理。

（1）数据战略

数据战略是组织中数据工作开展的目标指引，定义组织数据工作的方向、愿景和原则，包括数据战略规划、数据战略实施、数据战略评估 3 个能力项。

1）数据战略规划。数据战略规划是在所有利益相关方之间达成共识的结果。从宏观及微观两个层面确定开展数据管理及应用的动因，并综合反映数据提供方和消费方的需求。

2）数据战略实施。数据战略实施是组织完成数据战略规划，并逐渐实现数据职能框架的过程。实施过程中评估组织数据管理和数据应用的现状，确定与愿景目标之间的差距，依据数据职能框架制定阶段性数据任务目标并确定实施步骤。

3）数据战略评估。数据战略评估过程中应建立对应的业务案例和投资模型，并在整个数据战略实施过程中跟踪进度，同时做好记录供审计和评估使用。

（2）数据治理

数据治理是数据管理框架的核心职能，是对数据资产管理行使权利和控制的活动集合，涉及数据管理的组织、标准规范、流程、架构等多个方面。数据管理的其他关键过程域都有交互，数据治理是在高层次上制定执行数据管理的制度，包括数据治理组织、数据制度建设、数据治理沟通3个能力项。

1）数据治理组织。数据治理组织包括组织架构、岗位设置、团队建设、数据责任等内容，是开展各项数据职能工作的基础，对组织在数据管理和数据应用行使职责规划和控制，并指导各项数据职能的执行，以确保组织能有效落实数据战略目标。

2）数据制度建设。保障数据管理和数据应用各项功能的规范化运行，建立对应的制度体系。数据制度体系通常分层次设计，遵循严格的发布流程，并定期检查和更新。数据制度建设是数据管理和数据应用各项工作有序开展的基础，是数据治理沟通和实施的依据。

3）数据治理沟通。数据治理沟通旨在确保组织内全部利益相关方都能及时了解相关政策、标准、流程、角色职责计划的最新情况，开展与数据管理和应用相关的培训，掌握与数据管理相关的知识和技能。数据治理沟通旨在建立与提升跨部门及部门内部数据管理能力，提升数据资产意识，构建企业数据文化。

（3）数据架构

数据架构是用于定义数据需求、指导数据资产整合和控制、使数据投资与业务战略相匹配的一套整体构建规范，包括数据模型、数据分布、数据集成与共享和元数据管理4个能力项。

1）数据模型。数据模型是使用结构化的语言，对收集到的组织业务经营管理和决策中使用的数据需求进行综合分析，按照模型设计规范将需求重新组织。

2）数据分布。数据分布职能域是针对组织及数据模型中数据的定义，明确数据在系统组织和流程等方面的分布关系，定义数据类型，并明确权威数据源，为数据相关工作提供参考和规范。通过梳理数据分布关系，定义数据相关工作的优先级，以及指定数据工作相应的责任人，并进一步优化数据的集成关系。

3）数据集成与共享。数据集成与共享职能域是建立组织内各应用系统各部门之间的集成共享机制，通过组织内部数据集成共享相关制度标准技术等方面的管理，促进组织内部数据的互联互通。

4）元数据管理。元数据管理是关于元数据的创建与存储、整合与控制等一整套流程的集合。

（4）数据应用

数据应用指通过对组织数据进行统一的管理、加工和应用，对内支持业务运营、流程优化、营销推广、风险管理、渠道整合等活动，对外支持数据开放共享、数据服务等活动，从而提升数据在组织运营管理过程中的支撑辅助作用，同时实现数据价值的变现，包括数据分析、数据开放共享、数据服务3个能力项。

1）数据分析。数据分析是通过对组织内外部数据分析或挖掘建模，以及对数据应用成果的交付、运营、评估和推广等活动，为组织各项经营管理活动提供数据分析和决策支持的能力。该能力将影响组织决策，以及向客户创造和提供价值的方式。

2）数据开放共享。数据开放共享是按照统一的管理策略对组织内部的数据进行有选择的对外开放，同时按照相关的管理策略引入外部数据，供组织内部应用。数据开放共享是实现数据跨组织、跨行业流转的重要前提，也是数据价值最大化的基础。

3）数据服务。数据服务是通过对组织内外部数据的统一加工和分析，结合公众行业和组织自身的需要，以数据分析结果的形式对外提供跨领域、跨行业的数据服务。数据服务是数据资产价值变现最直接的手段，也是衡量数据资产价值的方式之一，通过良好的数据服务，对内能够提升组织的效益，对外能够更好地服务公众和社会。

（5）数据安全

数据安全指组织中的数据受到保护，没有受到破坏、更改、泄露和非法访问，包括数据安全策略、数据安全管理、数据安全审计3个能力项。

1）数据安全策略。数据安全策略是数据安全的核心内容，需要结合组织管理需求、监管需求及相关标准等统一制定。

2）数据安全管理。数据安全管理是在数据安全标准与策略的指导下，通过对数据访问的授权、分类分级的控制、监控数据的访问等进行数据安全的管理工作，满足数据安全的业务需要和监管需求，实现组织内部对数据生命周期的数据安全管理。

3）数据安全审计。数据安全审计是一项控制活动，负责定期分析验证，讨论改进数据安全管理相关政策标准和活动。审计工作可由组织内部或外部审计人员执行，审计人员应独立于审计所涉及的数据和流程。数据安全审计的目标是为组织及外部监管机构提供评估和建议。

（6）数据质量

数据质量指数据的适用性，描述数据对业务和管理的满足度。数据质量主要指数据的准确性、及时性、完整性、唯一性、一致性、有效性6个方面，包括数据质量需求、数据质量检查、数据质量分析、数据质量提升4个能力项。

1）数据质量需求。数据质量需求明确数据质量目标，根据业务需求及数据要求制定用来衡量数据质量的规则，包括衡量数据质量的技术指标、业务指标及相应的校验规则与方法。数据质量需求是度量和管理数据质量的依据，需要依据组织的数据管理目标、业务管理的需求和行业的监管需求，并参考相关标准统一制定管理。

2）数据质量检查。数据质量检查是根据数据质量规则中的有关技术指标和业务指标校验规则与方法，对组织的数据质量情况进行实时监控，从而发现数据质量问题，并向数据管理人员反馈。

3）数据质量分析。数据质量分析是对数据质量检查过程中发现的数据质量问题及相关信息进行分析，找出影响数据质量的原因，并定义数据质量问题的优先级作为数据质量提升的参考依据。

4）数据质量提升。数据质量提升是根据数据质量分析的结果，制定实施数据质量改进方案，包括错误数据更正、业务流程优化、应用系统问题修复等，并制定数据质量问题预防方案，确保数据质量改进成果得到有效保持。

（7）数据标准

数据标准是组织数据中的基准数据，为组织各个信息系统中的数据提供规范化、标准化的依据，既是组织数据集成共享的基础，又是组织数据的重要组成部分，包括业务术语、参考数据和主数据、数据元、指标数据4个能力项。

1）业务术语。业务术语是对组织中业务概念的描述，包括中文名称、英文名称、术语定义等内容。业务术语管理就是制定统一的管理制度和流程，并对业务术语的创建维护和发布进行统一管理，进而推动业务数据的共享和组织内部的应用。业务术语是组织内部理解数据、应用数据的基础，通过对业务数据的管理，能保证组织内部对具体技术名词理解的一致性。

2）参考数据和主数据。参考数据是用于将其他数据进行分类的数据。参考数据管理是对定义的数据值域进行管理，包括对标准化术语、代码值和其他唯一标识符，每个企业的业务定义，数据值域列表内部和跨不同列表之间的业务关系的控制，以及对相关参考数据的一致、共享使用。主数据是组织中需要跨系统、跨部门共享的核心业务实体数据。主数据管理是对主数据标准和内容进行管理，实现主数据跨系统的一致、共享使用。

3）数据元。通过统一组织中核心数据元的标准，使数据的拥有者和使用者对数据有一致的理解。

4）指标数据。指标数据是组织在经营分析过程中衡量某一个目标或事物的数据，一般由指标名称、时间和数值等组成。指标数据管理指组织对内部经营分析所需的指标数据进行统一规范化定义采集和应用，用于提升统计分析的数据质量。

（8）数据生命周期管理

数据生命周期指从需求、设计和开发到运维、退役的整个过程。对数据进行贯穿其整个生命周期的管理，需要采取相应的策略和技术实现手段。数据生命周期管理的目的在于帮助组织在数据生命周期的各个阶段以最低的成本获得最大的价值，包括数据需求、数据设计和开发、数据运维、数据退役4个能力项。

1）数据需求。数据需求指组织对业务运营、经营分析和战略决策过程中产生和使用的数据的分类、含义、分布和流转的描述。数据需求管理过程识别所需的数据，确定数据需求优先级，并以文档的方式对数据需求进行记录和管理。

2）数据设计和开发。数据设计和开发指设计实施数据解决方案，提供数据应用，持续满足组织的数据需求的过程。数据解决方案包括数据库结构、数据采集、数据整合、数据交换、数据访问及数据产品（报表、用户视图）等。

3）数据运维。数据运维指数据平台及相关数据服务建设完成并上线投入运营后，对数据采集、数据处理、数据存储等过程的日常运行及其维护过程，保证数据平台及数据服务的正常运行，为数据应用提供持续可用的数据内容。

4）数据退役。数据退役指根据法律法规、业务、技术等方面的要求，对历史数据进行保留或销毁，执行历史数据的归档、迁移或销毁的管理工作，确保组织对历史数据的管理符合外部监管机构和内部业务用户的需求，而非仅满足信息技术需求。

3. 在项目管理中整合数据管理能力域

在项目管理中，整合数据管理能力域是提高项目成功率、提升决策质量和项目效率的关键。有效的数据管理能力域整合确保项目管理不是仅依赖经验和直觉，而是更多地依赖数据驱动的洞察和分析。以下是对如何在项目管理中整合数据管理能力域的论述。

（1）整合数据战略与项目目标

确保项目管理与组织的数据战略保持一致。在项目启动阶段，明确项目如何支持组织的整体数据战略和目标。这涉及理解项目的数据需求、数据来源及数据如何支持项目交付。

（2）应用数据治理原则

在项目管理中应用数据治理原则，确保数据的质量、安全性和合规性。设定数据治理标准，包括数据质量标准、数据安全政策和合规要求，并确保项目团队了解并遵守这些标准。

（3）优化数据架构

确保项目使用的数据架构支持项目需求，包括数据的收集、存储、处理和分析。设计灵活且可扩展的数据架构，以适应项目范围的变化和未来的数据需求。

（4）制定和遵守数据标准

采用一致的数据标准和模型，以确保数据的一致性和可比性。这对于项目报告、跨项目比较和数据集成尤其重要。

（5）确保数据质量

实施数据质量管理过程，包括定期的数据清洗、验证和修复，以确保项目管理决策是基于准确和可靠的数据。

（6）加强数据安全

在项目管理中实施强有力的数据安全措施，保护项目数据免受未授权访问和防止数据泄露。

（7）利用数据应用提升决策

利用数据分析和数据可视化工具，将复杂的数据转化为直观的洞察。通过数据驱动的分析，项目经理可以更好地理解项目动态、预测风险和机会，并做出更加科学的决策。

（8）管理数据生命周期

管理数据的整个生命周期，从数据的创建和收集到存储、使用和最终的销毁或存档，确保数据在其生命周期的每个阶段都得到适当的管理。

通过将这些数据管理能力域整合到项目管理实践中，组织可以确保数据作为一种资产被充分利用，以支持项目获取成功。利用数据驱动的洞察和决策，项目经理可以更有效地识别风险、把握机会，并引导项目沿着预定的路径前进。

六、数字化转型项目管理展望

1. 当前环境和技术趋势对项目管理的影响

当前环境和技术趋势对项目管理的影响是深远的，它们正在重塑项目管理的传统实践和未来发展。具体影响如下。

（1）数字化和智能化

随着数字技术的进步，项目管理工具和流程正在变得更加智能化和集成化，数据分析、机器学习和人工智能的应用使得项目监控、风险评估和决策过程更加快速和准确。这意味着项目经理可以减少花在数据处理上的时间，而将更多精力投入战略规划和团队协作。

（2）敏捷和灵活性的增强

在变化迅速的市场中，企业需要快速响应客户需求和减小竞争压力。这推动了敏捷方法论在项目管理中的广泛应用。该方法论强调灵活性、适应性和快速迭代，而非僵化的计划和过程。

（3）远程工作和分布式团队

技术尤其是云计算和通信技术的进步，使远程工作成为可能。项目团队成员可以跨地域合作，这要求项目管理实践能够适应虚拟沟通和协作的需求。

（4）大数据和分析的应用

大数据提供了前所未有的洞察，帮助项目经理理解复杂的模式和趋势。利用大数据和分析工具，项目经理可以更好地预测项目的未来走向，制定更有效的策略。

（5）客户中心和价值导向

当前的趋势是将客户置于中心位置，更加关注为客户创造价值。项目管理不仅要关注交付项目成果，还要确保这些成果能真正满足客户需求并带来商业价值。

（6）可持续性和社会影响

随着企业社会责任和可持续性成为越来越重要的议题，项目管理也必须考虑其对环境和社会的影响。这要求项目经理在项目规划和执行过程中，考虑资源的可持续使用和项目的长远影响。

（7）安全性和合规性

在数据泄露和网络攻击日益频繁的环境中，项目管理必须强化对数据安全和隐私的保护。此外，项目管理必须遵守越来越严格的法律法规和行业标准。

这些环境和技术趋势要求项目管理不断适应和进化。项目经理和团队需要不断更新他们的知识和技能，以利用新工具、方法和最佳实践提高项目成功率和效率。同时，项目管理作为一门学科，也在不断地被这些趋势塑造和改进。

2. 项目管理如何适应数字化时代

项目管理在数字化时代需要适应一系列新兴的技术和业务模式的变化，以确保项目能够有效地执行并实现预定目标。以下是项目管理需要适应数字化时代的 8 个关键方面。

（1）采用敏捷方法

项目管理需要从传统的瀑布模型转变为更加灵活的敏捷方法。敏捷方法支持快速迭代和适应性规划，能更好地应对数字化时代需求的快速变化和不确定性。

（2）强化数据分析能力

项目管理需要整合数据分析工具以更好地理解和预测项目趋势，包括使用大数据和人工智能工具优化资源分配、预测风险，并提升决策质量。

（3）数字工具和平台的集成

利用项目管理软件、协作工具和通信平台支持远程工作和跨地域团队的协作。这些工具可以提高团队的合作效率和沟通效果。

（4）客户和用户体验为中心

项目管理应将客户体验和用户设计原则纳入项目的各个阶段。在数字化时代，用户体验是产品成功的关键。

（5）安全性和隐私保护

数字化时代的项目管理必须加强对数据安全和隐私的重视。项目经理需要确保所有的项目活动都符合数据保护法律法规和最佳实践的要求。

（6）持续学习和适应性发展

随着技术的不断进步，项目管理专业人员需要不断学习新技能和新知识。企业应该鼓励和支持团队成员参与专业课程学习和获取相关资质认证，以适应数字化的发展需求。

（7）价值驱动的项目交付

在数字化时代，项目管理不仅要关注按时按预算交付，更重要的是能交付真正为组织带来价值的成果。因此，项目经理需要密切关注项目成果如何支持组织的商业目标和客户需求。

（8）可持续性和社会责任

项目管理还需要考虑项目对环境的影响和社会责任，尤其是在数字化转型过程中。项目经理应该寻求可持续的解决方案，同时考虑项目对社会的长期影响。

通过上述方式，项目管理可以适应数字化时代的特殊需求，确保项目能够在快速变化的环境中取得成功。这不仅需要改变工具和流程，还需要改变思维方式和组织文化，以促进更广泛的创新和协作。

3. 新方法、工具和技术展望

随着技术的不断进步和商业环境的持续变化，未来的项目管理领域可能会出现新的方法、工具和技术，可以从当前的一些优秀企业的项目管理方法中看出其中的端倪。

（1）人工智能和机器学习

预测人工智能和机器学习将进一步集成到项目管理软件中，提供更深层次的数据分析、风险评估和决策支持。AI能够预测项目的风险点甚至自动调整项目计划，以优化资源分配和时间表。企业可以利用人工智能做出更准确的预测，减少成本和延误，而项目管理专业人士则需要了解和掌握相关技术，以充分挖掘和利用这些工具的潜力。

（2）增强现实和虚拟现实

增强现实（AR）和虚拟现实（VR）技术可被应用于项目规划和执行阶段，尤其是在建筑和工程行业中，可以通过虚拟模拟进行设计审核和风险分析。这有助于企业更直观地预见项目结果和潜在问题，项目管理者则需要掌握这些技术以提高项目交付的效率和质量。

（3）智能自动化和机器人流程自动化

预计今后会有更多的项目管理流程通过智能自动化（IA）和机器人流程自动化（RPA）实现自动化，以提高效率并减少人为错误。企业将能够自动化完成重复性高且耗时久的任务，而项目管理者需要适应这些自动化工具，将注意力转移到更加具有战略性的任务上。

（4）区块链技术

区块链技术可被用于改进项目管理的透明度和可追溯性，特别是在合同管理、供应链监控和知识产权保护方面。企业可以利用区块链技术提高项目相关交易的安全性和信任度，项目管理者则需要理解区块链技术的工作原理和潜在用例。

（5）云计算和协作平台

云计算将继续发展，提供更加强大和集成的协作平台，促进全球分布式团队的合作。这将使企业能够更加灵活地构建团队并分享资源，项目管理专业人士则需要掌握远程协作和云技术的使用。

（6）可持续性工具

可持续性和企业社会责任将成为项目管理中的一个重要考虑因素，预计将开发出新的工具来评估和优化项目的环境影响。企业将更重视项目的可持续性，项目管理者需要将环境因素纳入项目决策。未来的项目管理方法、工具和技术进步，将使项目更加智能、协作和透明，同时要求项目管理者不断更新其技能和知识库，以保持竞争力和有效性。这些变化预示着，持续学习和适应性发展将成为项目管理者职业生涯的重要组成部分。

第二章

数字化转型项目管理体系架构

第一节　数字化转型项目管理体系整体架构

在实际的转型过程中要真正实现数字化转型并从中获益，仅有数字化转型的业务框架是不够的，企业需要做的远不止于此，还会面临一系列复杂的挑战和决策。因此，企业需要从一个更宏观的视角出发，构建企业数字化转型的项目管理体系架构，即数字化转型项目管理体系整体架构。

数字化转型项目管理体系整体架构要求企业在战略层面进行思考，不仅包括项目管理的技术和方法，还涉及人才队伍建设、标准化、评价体系等多个支撑性要素，确保各项决策和实施步骤都能支持企业的总体目标和长远发展。这意味着，除了掌握先进的管理工具和技术，企业还需要培养一支能够适应数字时代要求的人才队伍，建立一种鼓励创新和协作的企业文化，并构建一个能够支持快速迭代和灵活调整的技术环境。为此，企业需要构建更多的支撑体系要素。

企业需构建数字化转型项目管理体系架构，以确保在快速变化的市场环境中保持竞争力，实现持续增长。基于对案例公司 F 等企业的最佳实践的研究，形成数字化转型项目管理体系整体架构，如图 2-1 所示。

第一章详细探讨了数字化转型项目管理的框架，包括其核心组成部分和关键实践。在此基础上，本节对数字化转型项目管理体系整体架构中的关键组成部分概述如下。

图 2-1　数字化转型项目管理体系整体架构

一、数字化转型项目管理支撑体系

该体系架构的基础是一个强大的支撑体系，包含人才、标准化、评价、数字化深化应用、数据治理 5 个关键领域。多维度的支持框架旨在确保组织拥有执行复杂数字化转型项目所需的资源、技能和工具。这 5 个领域要素为企业数字化转型项目管理奠定了基础，促进知识共享，鼓励创新，并提高决策的数据驱动能力。详细的体系支撑内容在本章第二节进一步描述。

二、数字化转型项目组织治理和职能协同

该体系架构的另一个关键组成部分是组织治理和职能协同。通过建立跨部门的治理结构和有效的协作机制，组织能够确保不同团队之间的顺畅沟通和资源共享。数字化转型治理方法提高了整个项目决策、监督、跟踪

的透明度，并使之具有可追溯性，提升了风险防范能力和决策效率。

三、数字化转型项目管理生命周期模型

生命周期模型为数字化转型项目提供了明确的路线图，包含预测型和敏捷型两种主要的项目生命周期模型。在不同的项目环境和需求下应选择合适的项目生命周期模型，采用合适的项目管理方法。通过对这两种项目生命周期模型的深入理解和正确应用，组织能够更灵活、更有效地管理项目，从而适应快速变化的市场需求和技术趋势。

数字化转型项目管理体系架构中的利益相关方、团队、规划、项目工作、交付、测量、不确定性、裁剪、工件模型与方法等内容的具体描述，参见第一章第三节"数字化转型项目管理"中的内容。该数字化转型项目管理体系整体架构提供了全面的框架，能够帮助组织在数字化转型的过程中保持竞争力。通过对人才、流程和技术的综合投资，以及对项目生命周期的细致规划和组织治理的有效实施，组织能够在不断演进的数字世界中有效地前行，并实现其战略愿景。

第二节　数字化转型项目管理体系支撑

为了夯实数字化转型项目管理体系支撑的内容，本节对人才体系支撑、标准化体系支撑、评价体系支撑、数字技术应用体系支撑、数据治理体系支撑5个关键领域的支撑要素逐一进行描述。

一、人才体系支撑

在数字化转型纷繁复杂的项目管理环境中，人才体系支撑充当着至关重要的角色。有力的人才体系支撑为数字化转型项目提供了项目实施所需的技术能力和专业知识，促进了创新灵活性，营造了持续学习的企业文化。以下将从数字化转型项目的角色定义到培训赋能再到文化和领导力的塑造等方面，深入探讨如何构建一个有力的人才体系。

成功的数字化转型项目管理依赖于项目经理、数据分析师、技术专家的角色和职责。

1）项目经理。项目经理是项目成功的关键，需要具备强大的组织、协调和沟通能力，确保所有项目活动按照既定计划顺利进行。作为团队的领导者，项目经理需要跨越技术和商业领域，处理复杂的问题，并做出正确的决策。

2）数据分析师。数据分析师负责收集、处理和分析数据，提供洞察信息，支持项目决策。在数据驱动的项目管理环境中，数据分析师的工作主要是识别趋势、评估风险和发现机会重要。

3）技术专家。技术专家负责设计、实施和维护复杂的技术解决方案。技术专家的技术能力需要与最新的技术和工具保持同步，确保项目的技术实施与企业的整体 IT 策略和架构相匹配。为了适应不断变化的市场和技术环境，须建立数字化培训体系。

● 企业需要为团队成员提供定期的技能培训，包括项目管理工具、数据分析技术及最新的行业趋势。培训应该是持续的，不是限于项目的开始阶段，而是贯穿项目的整个生命周期。

• 企业还需要为团队成员提供职业发展的机会和路径，包括晋升、转岗或特别项目的机会。通过提供这些机会，可以增加团队成员的满意度和忠诚度，同时提升他们的专业能力。

• 企业文化和领导力是数字化转型成功的关键因素。应建立一种鼓励创新、灵活和持续学习的企业文化，鼓励团队成员积极提出新想法，对现有流程和工具进行挑战和改进。

• 培养能够引导团队适应数字化挑战的领导者，这些领导者应能够传递愿景、激励团队成员，同时在变化的环境中做出迅速而有效的决策。

在探讨数字化转型项目管理中的人才体系支撑时，理解人才体系的有效性，不仅在于技能娴熟的个体，更关键的是要创建一个生态环境，使人才保持学习持续性，增强环境适应性，并保持战略一致性，这应被置于最重要的地位。

1. 学习持续性与环境适应性

在数字化转型领域，技术和方法发展迅猛，有效的人才支撑体系要营造持续学习的氛围。这意味着人才支撑体系不仅包括正式的培训计划，还包括创造经验学习的机会，如参与跨职能项目或职位轮换。

数字化人才发展的过程，需要与个人的职业发展愿景、导师计划、职业晋升路径相结合，始终与组织的战略目标保持一致。

2. 战略一致性

数字化转型项目管理框架中的每一个角色，无论是项目经理、数据分析师，还是技术专家，不仅应该对其任务目标有清晰的理解，还要明白任务的目的，了解自身角色功能如何适应组织数字化转型过程的活动，从而支撑组织战略的实现。

高层领导者对项目设定愿景和使命，通过愿景驱动团队，凝聚团队成员参与项目的向心力，通过使命让团队成员自发高度投入项目工作。

3. 营造创新氛围

创新是数字化转型的生命线。人才支撑体系应积极营造创新的氛围，为员工创造一个可以自由尝试、承担风险并从失败中学习的实践空间。

数字化转型项目的团队成员无论来自组织的哪个层级，都应积极鼓励他们提出创新的想法和解决方案，并通过正式的仪式活动，将创新挑战或有效创意在项目工作中体现。

4. 坚持多样性和包容性

团队的多样性带来不同的视角，有利于在复杂的数字化转型项目中进行创新和解决问题。有效的人才支撑体系应积极地致力于创建多元化的团队和包容性的工作环境，鼓励团队成员参与项目问题的讨论，贡献丰富的想法和知识技能，从而提高解决问题的效率和效果。

在数字化转型的动态环境中，人才的赋能成长、持续学习、创新氛围与组织的战略目标保持高度一致，是5个支撑领域的关键保障。

二、标准化体系支撑

1. 全面的标准化策略

在制定全面的数字化标准化策略时，企业需要认真考虑两个核心方面：明确标准化的目标和范围，确定标准化的优先级。

（1）明确标准化的目标和范围

数字化转型项目管理标准化的目的，旨在提高项目管理效率，确保质量一致性，降低错误率，促进跨部门、跨团队的沟通和协作。

数字化转型项目管理标准化的范围主要包括：

1）流程（如项目启动、风险管理、沟通计划）。

2）工具（如项目管理软件、协作平台）。

3）数据（如性能指标、进度报告）。

4）文档（如项目计划、需求文档、测试报告）。

清晰界定项目管理标准化的范围可以确保资源得到有效分配，使各项工作聚焦于最关键的领域。

（2）确定标准化的优先级

评估各项标准化内容的优先级，应综合分析以下3个维度：

1）对项目的整体影响。

2）可以带来最显著的效益的标准化内容。例如，发现优化项目沟通流程的标准化对于缩短项目周期、减少误解具有重大意义。

3）标准化的可实施性。关注的要点是哪些标准化措施容易实施，哪些可能面临技术、资源或文化上的挑战。例如，引入新的项目管理工具可能需要额外的培训和适应时间，这些因素都需要在确定优先级时加以考量。

通过上述步骤，组织可以确保其标准化策略既有目标导向，又能考虑实际操作的可行性，从而为数字化转型项目管理的成功奠定坚实的基础。

2. 流程标准化

在数字化转型项目管理中，流程标准化是提高效率、确保质量、促进团队协作的关键项。

（1）对关键项目管理流程进行标准化

关键项目管理流程包括需求收集、范围定义、进度计划编制、成本估算、风险管控、质量控制等。

1）需求收集。制定标准化的需求收集流程，包括客户沟通的方法、需求记录的格式、需求的验证和审批流程，以确保收集到的需求是完整的、必要的、充分的、准确的，并且符合项目目标。

2）范围定义。制定一个系统化的范围定义流程，包括项目范围的明确、文档化和所有利益相关方的确认。这一流程应包括编制详细的工作分解结构（WBS），明确项目的主要成果和阶段性输出，确保每个团队成员都清楚他们的任务和责任。这样做有助于防止项目范围蔓延，确保项目目标与业务目标一致。

3）进度计划编制。建立标准化的进度管理流程，包括使用项目管理软件工具（如 MS Project 或类似系统）创建、监控和更新项目时间表。流程应包括关键路径方法（CPM）等技术，以确定项目活动的最佳顺序和持续时间，从而优化资源分配和确保关键里程碑节点的及时完成。

4）成本估算。制定一套标准的成本估算方法，使用历史数据、专家判断和市场分析预测项目的财务需求。应包括建立成本基准和跟踪预算使用的机制，以及定期的成本审查会议，以识别和管理成本偏差，确保项目在批准的预算范围内完成。

5）风险管控。建立标准化的风险识别、评估、执行、监控流程，明确风险管控的方法，定义风险评估标度，制定选择风险应对策略的原则，有助于提高风险管控的效果。

6）质量控制。定义清晰的质量控制流程，包括质量标准的设定、产品或服务的测试方法，以及不符合标准时的纠正措施。通过这种方式，可以保证项目的最终输出物符合预期标准。

（2）制定清晰的流程文档

对于每一个流程，都应首先详细描述其执行的具体步骤，包括起始条件、所需输入、操作步骤、结束标志、责任人。这不仅有助于明确职责分配，还能保证在流程执行过程中每个关键点都有明确的负责人。对于每个流程，清晰界定其预期的输出或成果，有助于团队对流程的目的和结果保持清晰和一致的理解。

通过对关键项目管理流程的标准化和文档化，以确保流程的可复制、可移植、可预测，且可高效执行，同时为项目团队提供了一套能够共同遵循的工作指南。

3. 技术和工具标准化

在数字化转型项目管理中，技术和工具的标准化是固化流程、提高效率、支撑信息分享。技术和工具标准化，是数字化转型项目管理的工具保障。

（1）选择合适的技术和工具

在数字化转型项目管理中，需要对多种技术和工具进行标准化，如项目协同工具、进度跟踪系统、质量管理软件等。

1）项目协同工具。选择能够支持团队成员无缝协作的工具，如实时通信平台、共享文档编辑工具等，以促进信息共享和团队沟通。

2）进度跟踪系统。采用高效的进度跟踪系统，确保项目的所有方面都能按时完成。系统应提供全面的进度视图、里程碑追踪、任务分配功能。

3）质量管理软件。选用能够支持质量保证流程的软件，包括错误追踪、测试管理、性能监控等功能，确保产品或服务符合既定的质量标准。

（2）确保技术和工具的易用性及兼容性

选择用户友好的技术和工具，以缩短团队成员的学习曲线，确保所有人都能高效地使用这些工具。此外，提供适当的培训和支持，帮助团队成员熟悉这些工具的使用方法，同时确保选用的技术和工具与组织现有的 IT 基础设施兼容、无缝集成。考虑到数据安全和访问控制，这些工具应能够满足组织的安全标准，并能够轻松地与现有系统集成。

通过对技术和工具进行精心的选择和标准化，组织可以确保项目管理的各个方面都得到有效支持，同时提高团队成员的工作效率和项目的整体表现。这也有助于实现资源的最佳利用，确保项目管理过程的高效、顺畅和透明。

4. 数据管理和报告标准化

在数字化转型项目管理标准化中，数据管理和报告标准化是至关重要的，它确保了数据的完整性、可靠性，并提高了决策的效率。

（1）建立统一的数据管理标准

建立统一的数据管理标准涉及数据治理、数据分析、数据标准、数据架构、数据应用、数据质量、数据安全等。

1）数据治理。制定明确的数据治理框架，确立数据所有权、责任和数据政策，以便有效管理企业数据资产。

2）数据分析。明确数据分析的方法和工具，确保分析结果的准确性和可靠性，以支持基于数据的决策制定。

3）数据标准。制定企业内部数据标准，包括数据命名规范、数据格式和数据质量标准，确保数据的一致性和标准化。

4）数据架构。构建合适的数据架构，支持数据的整合、存储、处理和交换，确保数据的可访问性和可维护性。

5）数据应用。明确数据的应用场景和应用方式，确保数据在各个业务领域中得到有效利用。

6）数据质量。建立数据质量管理机制，包括数据质量评估、监控和改进，以提高数据的准确性、完整性和可靠性。

7）数据安全。通过实施合适的数据安全策略和技术不仅能保护数据不被未授权访问、篡改，还能防止数据丢失。

（2）标准化的项目报告模板

在涉及标准化的项目报告模板时，要考虑以下 3 点：

1）信息一致性。开发统一的报告模板，确保所有项目报告在结构、内容和格式上的一致性。这有助于加快信息检索速度，提高报告的可读性和实用性。

2）可读性和适用性。确保报告模板具有高度的可读性和适用性，通过清晰的布局、直观的图表和明确的信息展示提高报告的整体质量。

3）灵活性和定制性。虽然追求标准化，但也应考虑报告模板的灵活性和定制性，以适应不同项目需求和利益相关方的特定偏好。

通过实施这些策略，组织可以确保数据管理的高效性和报告的有效性，从而为数字化转型项目管理提供强有力的支撑。

三、评价体系支撑

在数字化转型项目管理中，建立全面和有效的评价体系对于确保项目成功至关重要。这不仅有助于监控和评估项目管理的绩效，还为持续改进和优化奠定了基础。评价体系的关键组成部分涉及绩效评价指标、反馈机制、学习和改进 3 个方面。

1. 绩效评价指标

在数字化转型项目管理中，有效的绩效评价指标是衡量、管理和优化项目执行的关键。

（1）关键绩效指标

关键绩效指标是用于评估组织、项目或个人业绩的具体和量化的指标，它们应与项目目标和企业战略紧密相关。这些指标应具体、可量化，并能明确反映项目对组织目标的贡献。选择的关键绩效指标应覆盖项目管理的所有关键方面，包括但不限于：

1）项目进度的符合度。例如，里程碑完成率、关键任务的按时完成比例。

2）预算的使用效率。例如，实际花费与预算的比率、成本偏差。

3）资源的利用效率。例如，人力资源的利用率、关键资源的闲置时间。

4）质量控制的指标。例如，缺陷密度、客户满意度、产品或服务的合格率。

（2）定期监控

企业需要建立一个系统化的监控机制，定期收集关于上述关键绩效指标的数据。可以通过自动化工具实现，以确保数据的准确性和实时性。同时对收集到的数据进行定期分析，并生成综合报告。报告不仅应包括关键绩效指标的当前状态、趋势分析、偏差分析及预测未来的可能性，还应确保有一个机制来及时识别和解决问题。一旦监控到关键绩效指标有不符合预期的情况，应立即进行分析，并制定相应的纠正措施。

通过明确和全面的绩效指标及有效的监控机制，组织可以确保他们对项目的执行有清晰的了解，及时调整管理策略，确保项目按照预定的路径成功推进。这样不仅提高了项目管理的效率和效果，也为组织带来了持续的改进和学习机制。

2. 反馈机制

在数字化转型项目管理中，建立有效的反馈机制对于了解项目状态、及时提出纠偏措施提供了信息保障。关于建立有效的反馈机制涉及以下两个方面。

（1）定期审查会议

1）确保定期举行项目审查会议，可以根据项目的复杂性和持续时间确定频率。例如，对于长期项目，可能每个月或每个季度举行一次。

2）在审查会议中需要确保项目团队成员、管理层及其他关键利益相关方的参与。这有助于从不同需求视角收集反馈，确保全面理解项目的进展和面临的挑战。

3）在会议中有组织地讨论项目的进展、面临的挑战及成功的经验。讨论应包括对项目目标的达成度、时间表的遵循情况、预算使用情况及质量管理等方面的评价。

4）在整个会议过程中还要保证会议有详细记录，包括讨论的要点、决策、分配的任务及后续跟踪，有助于确保会议成果得以落地实施并跟踪进展。

（2）项目评估报告

建立项目评估报告首先需要开发标准化的项目评估报告模板，确保在项目的每个关键阶段都能按照统一标准收集和记录反馈，保持信息的一致性和可比性。

在编写评估报告过程中应详细记录项目的绩效，包括但不限于：

1）目标实现情况。具体说明项目实现的目标、实现程度及与初期设定目标的对比。

2）挑战和解决方案。详细记录在项目执行过程中遇到的挑战、采取的应对措施及解决方案的效果。

3）经验教训。总结项目执行中的成功经验和失败教训，为未来的项目提供可行的改进建议参考。

通过这些措施，不仅能确保项目管理过程中的透明度和方案的及时调整，还能促进知识共享和组织学习，为未来的项目管理实践积累宝贵经验。

3. 学习和改进

在数字化转型项目管理中，学习和改进是提升项目成功率和团队能力的关键环节。评价体系的持续学习和改进涉及以下两个方面。

（1）经验共享

在项目管理过程中要鼓励团队成员在项目的不同阶段分享他们的经验和教训，包括成功的经验和那些未达预期的案例。通过定期组织知识分享会议或研讨会，创建开放且支持性的工作学习环境，团队成员可以自由地交流想法和经验，有机会讲述自己在项目中的工作心得和发现。这些会议可以是正式的知识分享会议，也可以是非正式的小组经验交流会议。

（2）流程优化

流程优化涉及基于反馈的改进、将改进措施文档化和建立持续改进的文化。

改进是基于反馈的，利用项目评估报告和团队反馈作为优化项目管理流程的基础。识别流程中的痛点或瓶颈，并针对这些问题制定改进措施。所有改进措施应得到妥善的文档化，并确保这些文档易于访问和理解。这样不仅有助于当前团队成员理解和实施这些改进措施，也便于未来的项目团队参考和利用。应建立一种持续改进的文化，鼓励团队成员不断寻求更高效的工作方法。通过定期审查和更新项目管理流程，确保这些流程始终与最佳实践和业界标准保持一致。

通过实施经验共享和流程优化，组织可以确保项目管理不断适应新的挑战和需求，同时积累宝贵的经验和知识，为未来的项目成功奠定坚实的基础。

四、数字技术应用体系支撑

在数字化转型项目管理中，技术应用体系的支撑至关重要，因为它直接影响项目的效率、效果和创新能力。

数字技术应用体系可以实现流程自动化和优化，通过整合"大云物移智"等数字技术、应用自动化工具和智能系统，实现项目管理中的重复性和时间密集型任务的简化和加速。例如，数据分析、报告生成和资源分配等环节可以通过自动化显著提高效率。并且，数字化工具能够提供实时的项目监控和通信平台，确保团队成员能够快速获取信息和做出响应，从而减少延误和加快整体项目的运作速度。

数字技术应用体系可以利用大数据和分析工具，项目管理者可以基于大量的数据和深入的洞察做出更准确和更有效的决策，提升项目效益。并且通过先进的监控工具和算法，在保持产品和服务的高质量标准的同时可以更早地识别和降低项目风险。

数字化转型项目管理鼓励采用新的工具和方法，为团队提供探索和实验的空间。这种开放和创新的环境有助于孕育新的想法和解决方案。数字化平台和工具使跨部门和跨组织的协作变得更加容易，促进知识共享和跨领域的创新合作。

数字技术应用体系通过提升效率、改善效果和激发创新能力，为数字化转型项目管理提供了强大的支持。这不仅有助于实现项目目标，还能增强组织的竞争力和适应未来挑战的能力。深化应用体系的支撑可以从以下4个方面考虑。

1. 技术整合

在数字化转型项目管理中，技术整合是实现项目目标的关键环节，尤其是在加快项目执行速度和提高成效方面至关重要。对于数字化转型项目，能够整合前沿技术并形成定制化的技术解决方案是企业必须具备的核心能力。

（1）前沿技术的整合

前沿技术的整合可以用于优化数据分析。通过整合人工智能和大数据技术，可以对海量数据进行高效分析，为项目管理者提供深入洞察和预测。这有助于更好地理解市场趋势、用户需求和潜在风险。

这些前沿技术还可以帮助提高决策质量。利用先进的数据分析技术，可以在更短的时间内提供更准确的决策支持，确保项目决策基于可靠的数据和分析结果。

在优化资源管理方面，前沿技术也起着重要的作用。云计算技术提供了灵活、可扩展的资源管理方案，使得资源分配更加高效，能够根据项目需求快速调整。

（2）技术方案的定制化

对于数据密集型项目，可以重点整合和优化数据存储和分析工具，如使用大数据平台支持大规模数据处理和分析，确保数据处理的速度和质量。对于需要高度协作的项目，优化团队协作和沟通工具至关重要。例如，可以整合协作平台和项目管理工具（如禅道或 Jira），以确保团队成员之间的高效沟通和协作。

通过这样的技术整合，项目管理不仅能够更加高效和精确，还能够更好地适应复杂多变的项目需求和环境变化。这种整合性的技术应用，为项目带来了质的飞跃，也为组织的长期发展和竞争力提供了坚实的技术支持。

2. 创新方面的实践

创新实践在数字化转型项目管理中扮演着至关重要的角色，能够极大地提升项目的效率、效果和创新能力。为了能够实践创新，可以考虑以下两个方面。

（1）鼓励创新思维

鼓励创新思维首先需要建立创新的文化。构建一个开放、包容的环境，鼓励团队成员不拘一格地思考，勇于挑战传统做法。强调创新的重要性，并明确表示支持合理的风险尝试，鼓励团队成员敢于提出和实验新想法。

鼓励创新思维需要不断尝试新的方法和工具，应鼓励团队成员积极探索和采用前沿技术、新兴工具和创新方法。无论是通过引入新的软件平台，还是采用敏捷管理方法，都能提高项目管理的灵活性和响应能力。

（2）共享创新的实践

共享创新的实践需要定期组织创新实践分享会议，为团队成员提供一个展示和讨论他们在项目管理中创新尝试的平台。通过分享成功案例和失败教训，团队成员能够更好地理解创新实践的具体应用和潜在价值。这种互动和学习过程不仅能加强团队间的协作，还能推动知识的积累和技能的提升。

通过上述措施，可以有效激发团队的创新潜能，促进知识分享和技能提升，最终推动项目管理的持续改进和优化。创新实践的推广和应用，不仅能提升项目的执行效果，还能加强团队的凝聚力和创造力，为企业的长期发展注入新的活力。

3. 激发人员的创新能力

激发人员的创新能力被视为数字化转型成功的关键因素之一，它直接推动了组织的发展，提升了竞争力。在数字化转型项目管理的过程中，不断涌现的新技术和变革要求组织快速适应和应对新挑战。拥有创新能力的组织能够更加灵活地利用这些新技术，创造独特的解决方案，满足不断变化的市场需求和客户期望。此外，创新不仅是技术的应用，更是一种思维方式，它鼓励团队成员跨界合作、共享知识，从而激发新的思路和策略，推动组织在竞争激烈的市场中保持领先地位。因此，培养和激发创新能力成为数字化转型项目管理中不可或缺的一部分。

激发创新能力可以开展以下工作。

（1）促进创新思维

创造一个允许自由思考和创新的环境，鼓励团队成员跳出传统思维框架，勇于提出新思路和新方法。在这样的环境中，即使是最大胆的想法也能得到尊重和考虑，从而激发团队成员的创造力和热情。鼓励团队成员积极尝试新工具和技术，实验并比较不同的工作方法。即使实验有时不成功，也应该被视为学习和成长的机会，从每次尝试中汲取教训，不断改进和完善。

（2）跨界合作与知识共享

数字化平台打破了空间和时间的限制，使得跨部门、跨组织甚至跨国界的合作变得更加便捷和高效。建立共享知识的机制，如内部知识库、在线论坛或定期的知识分享会，鼓励团队成员分享自己的专业知识、市场洞察和创新实践，从而建立持续学习和共同成长的文化环境。

上述措施不仅能够激发团队成员的创新能力，还能够促进团队之间的合作和知识共享。这样的互动和合作为解决复杂问题提供了更广阔的视角和更多的资源，从而推动项目的成功和组织的持续成长。

4. 人工智能技术的应用

利用人工智能技术可以提升数字化项目规划和项目管理数据治理水平。

（1）提升项目统筹审查能力

通过语义理解、相似度分析等赋能项目需求统筹分析，实现关键信息识别、颗粒度对齐、查重等内容的项目需求统筹全过程管控。项目需求统筹分析工具利用图像识别、文字提取、数据融合等技术，识别需求颗粒度不一致和重复问题，生成评估结果和优化建议，为需求统筹人员提供辅助决策。一方面，能够部分取代人工审查，提高审查效率；另一方面，为人工审查提供辅助决策，从而提高需求分析精度，为项目需求统筹提供科学、高效的策略支持。

（2）提升项目代码智能管理水平

通过样本归集、模型强化赋能项目代码管理，实现覆盖代码智能生成、比对测试、版本管理等环节的代码全生命周期管控。用智能编排替代传统硬编码方式，辅助开发人员完成代码编写、重构编译、代码注释。通过代码一致性检测、软件同源检测、恶意样本聚类等安全分析场景，识别代码重复、漏洞、逻辑错误等关键问题，提高开发和测试过程的透明度。对各阶段、各版本项目代码进行统一线上归集，智能比对、检查标准安全编码的应用情况，双向追溯保障软件开发过程中需求与代码的一致性。

（3）提升架构智能管控水平

通过整理多源异构数据，利用向量化存储方式，结合模型训练，实现架构一致性、遵从性审查。对架构管控要求、架构相关资产等多源异构数据进行预处理，结合向量数据库和资产训练模型构建架构管控智能辅助审查模型，执行架构审查并输出评审结果和优化建议，形成架构遵从自动审查能力，提升评审效率与准确性，并给出架构设计优化策略和建议，为架构智能审查模型的进一步优化提供参考。

五、数据治理体系支撑

数据治理体系支撑对于数字化转型项目管理至关重要，因为它提供了一个确保数据质量、安全性和合规性的结构化框架。首先，一个健全的数据治理体系确保了数据的准确性和可靠性，为项目管理决策提供了坚实的数据基础。这对于依赖数据洞察驱动效率和创新的数字化转型项目尤为关键。其次，通过明确数据的所有权、控制权和责任，数据治理体系有助于减少数据误用和数据泄露的风险，使企业免受潜在的法律和财务风险。合规的数据治理措施确保企业遵守各种数据保护法规，减少因违法违规而产生的重大罚款，避免企业声誉受到损害。最后，通过提供一致的数据管理标准和流程，数据治理支持数字化转型的可持续性，使企业能够在不断变化的技术和市场环境中保持敏捷和竞争力。可以说，数据治理体系支撑不仅确保了数字化转型的基础设施稳固，还为企业提供了从数据中获取价值的能力，是推动项目管理向更高效、更透明和创新方向发展的关键因素。

数据治理体系在支撑数字化转型项目管理工作的过程中涉及以下6个方面。

1. 数据治理框架的构建

构建全面的数据治理框架对于确保数字化转型项目成功至关重要。虽然国内外已经有各种相对成熟的数据治理框架，如数据管理知识体系（DAMABOK）和数据管理能力成熟度评估模型（DCMM）等，但是任何企业在实践数据治理工作时都无法直接照搬，必须构建适合企业的数据治理框架。这样的框架应综合考虑数据质量、数据安全、数据隐私及合规性等多个关键方面，设立明确的标准和政策指导整个组织的数据管理实践。

1）数据质量是数据治理框架的核心组成部分，包括确保数据的准确性、完整性、一致性和及时性。通过实施严格的数据质量控制措施，组织能够确保决策者依赖可靠的数据进行精确的分析和预测，从而做出更加明智的决策。

2）数据安全是维护数据治理框架的重要组成部分，它能够保护数据免受未经授权的访问，防止泄露。通过实施强有力的数据加密、访问控制和网络安全措施，组织可以保障数据资产避免潜在的金融损失和声誉损害。

3）随着数据隐私保护法律法规的不断演进，确保数据治理策略符合各个地区和各个行业的合规要求变得至关重要。这包括制定和执行数据处理和存储政策，以符合相关法律法规的要求，确保数据的合法使用，并保护个人隐私。

通过上述措施，数据治理框架确保了数据的准确性、一致性和可信度，为基于数据的决策制定提供了坚实的基础。这不仅支持了企业日常的业务运作，也为其长期的战略规划和风险管理提供了关键支持。因此，对于任何寻求通过数字化转型长期成功的组织来说，投资一个全面且有效的数据治理框架都是至关重要的。

2. 角色和责任

在构建一个有效的数据治理体系时，清晰定义各个角色的责任和权限是至关重要的。这不仅确保了数据治理策略的顺利执行，也有助于避免责任不明确和权限冲突所带来的风险。

1）数据所有者通常是高级管理层人员，负责制定数据相关的政策和标准，并确保这些政策和标准在组织内部得到遵守。他们对数据的质量、完整性及安全性负有最终责任，并需要为数据的使用和管理提供方向指导。

2）数据管理员则通常负责数据治理框架的日常运作，包括数据的存储、维护和备份等。确保数据的有效管理，包括执行数据质量控制、管理数据访问权限及监控数据使用情况等任务，以符合相关法律法规和组织的政策的要求。

3）数据用户是数据治理体系中的最终用户，他们根据自己的岗位需求使用数据开展日常工作。数据用户需要遵循组织的数据使用政策，确保数据的合理合法使用，并对他们所处理的数据的准确性和保密性负责。

通过明确的角色分配和责任界定，组织可以确保每个人都清楚自己的角色和职责，以及他们在数据治理体系中的定位。这有助于促进跨部门的合作，确保数据治理策略的有效实施，并为组织带来更高的数据质量和更佳的决策支持。

3. 数据质量管理

数据质量管理是数据治理体系中不可或缺的一环，对确保项目管理决策的准确性和可靠性起着至关重要的作用。实施有效的数据质量管理策略和流程，可以确保数据在整个生命周期中保持高标准的质量。

1）数据清洗是去除数据集中的错误和不一致性，如重复记录、错误的格式和不完整的数据等。这一环节对于维持数据的准确性和完整性至关重要。清洗后的数据更可靠，能够为决策者提供准确的信息。

2）数据匹配和整合将来自不同来源的数据组合在一起，形成一个统一的、全面的视图。这不仅有助于消除信息孤岛，还有助于确保数据的一致性和完整性。通过有效的数据匹配和整合，组织可以更全面地了解业务环境，从而做出更为明智的决策。

3）数据验证是确保数据符合既定标准和质量要求的过程，包括对数据的准确性、一致性和时效性进行持续的监控和检查。通过定期的数据验证，组织可以及时发现和纠正问题，确保数据始终可用于支持关键业务操作和决策。

通过实施全面的数据质量管理策略，组织不仅能提高数据的准确性和可靠性，还能增强对数据驱动决策的信心。高质量的数据是制定有效策略、执行操作和评估结果的基础，这是确保项目管理成功的关键。

4. 数据安全和合规性

在数字化转型和项目管理的背景下，确保数据的安全和合规性是极其重要的。健全的数据治理体系能够在保护关键数据资产的同时，确保组织遵循相关法律法规和行业标准。

以下是实现数据安全和合规性的关键组成部分：

1）数据访问控制是确保数据安全的基石，它确保只有授权用户才能访问特定的数据和信息资源。通过实施强有力的认证和授权机制，组织可以有效防止未授权访问和潜在的数据泄露风险。

2）数据加密是另一个关键措施，它保护数据在传输和存储过程中的安全。即使是在数据被非法访问的情况下，加密也能确保数据的内容不会被外部人员掌握。此外，及时的数据备份和可靠的灾难恢复计划能够确保在数据在丢失或系统故障的情况下关键信息能够被迅速恢复，从而保障业务的连续性。

3）遵守数据保护法律法规，如数据安全法等，对于维护客户信任和企业声誉至关重要。数据治理体系必须包括合规性策略和程序，确保所有数据处理活动符合这些法律法规的要求。这包括对数据的收集、处理、存储和传输过程进行严格监控，并确保数据主体的权利得到尊重和保护。

总的来说，通过在数据治理体系中整合这些关键的安全和合规性措施，组织不仅能够保护其数据免受内部和外部的威胁，还能确保其操作符合法律法规和行业标准。这种综合方法是确保数据资产安全、促进数字化转型成功，并在竞争激烈的市场中保持优势的关键。

5. 数据管理技术支持

在数据治理体系中，技术支持扮演着至关重要的角色。选择合适的技术工具和解决方案可以极大地提升数据治理的效率和有效性。

关于选择支持数据治理的技术工具和解决方案，以及利用这些工具实现数据治理的目标须注意以下 3 个方面：

1）数据目录是数据治理的核心技术之一。它提供了详尽的数据资产清单，包括数据的来源、格式、负责人及其在业务中的用途。数据目录有助于组织理解和管理其数据资产，确保数据的可查找性和透明性。

2）数据质量工具是保证数据治理成功的关键。这些工具支持数据清洗、验证、匹配和整合等功能，帮助确保数据的准确性、完整性和一致性。通过定期的数据质量审核，组织可以及时发现并纠正数据问题，从而提高数据的可信度和可用性。

3）数据治理平台提供了综合性的解决方案，用于管理组织的数据治理策略和流程。这些平台通常包括数据目录、数据质量工具及支持数据治理政策和流程管理的功能。通过统一的界面，数据治理平台使得数据治理的各个方面更加协调和高效。

在选择和部署这些工具时，组织需要考虑多种因素。首先，需要确定工具是否符合组织的数据治理目标和流程，包括评估工具的功能是否满足组织对数据目录、数据质量管理和数据政策执行的需求；其次，需要考虑工具的可扩展性和灵活性，以确保它们能够适应组织未来的增长和变化；最后，需要考虑工具的集成能力，确保它们能够与组织现有的 IT 基础设施和数据系统无缝对接。

通过综合考虑这些因素，组织可以选择和部署最适合其数据治理需求的技术工具和解决方案，从而有效支持其数据治理体系，提高数据的价值和利用率。

6. 持续监控与改进

在数据治理的过程中，建立持续监控和评估机制是确保长期成功的关键。这个过程不仅有助于维持数据治理的标准和质量，还确保组织能够灵活应对内外部环境的变化。实施持续监控与改进须注意以下 4 个方面：

1）强调建立持续监控和评估机制的重要性是不容忽视的。这意味着数据治理不是一次性的任务，而是一个持续的过程，需要定期检查和更新以保持其有效性和相关性。通过不断监控数据治理实践，组织可以确保数据治理始终符合当前的业务需求和外部法律法规环境。

2）持续调整和优化数据治理策略对应对快速变化的市场环境和技术进步至关重要。组织应该有能力根据项目需求的变化、新的合规要求或者技术创新对数据治理策略进行调整。这种灵活性不仅确保了数据治理实践的实时相关性，还增强了组织对潜在挑战的应对能力。

3）通过定期的数据治理审计和评估，组织可以对其数据治理实践的有效性进行客观评估。这包括评估数据质量控制的有效性、数据安全政策的实施情况及数据使用的合规性。审计和评估不仅有助于及时发现并解决问题，还提供了改进数据治理策略的宝贵经验。

4）持续监控与改进是数据治理成功的重要组成部分。通过建立强大的监控机制、灵活调整策略及定期进行审计和评估，组织可以确保其数据治理体系始终高效、合规，并能支持组织的长期目标和战略。

持续监督和改进是确保长期成功和适应性的关键。实施有效监督和不断改进标准化体系需要开展以下 3 个方面的活动：

1）建立持续监督机制。设置定期审查会议，评估治理体系的执行情况和效果。这包括对已实施标准的遵守情况、问题解决效率及治理工作带来的改进进行综合评估。定义明确的性能指标和基准，用于衡量标准化措施的效果。通过数据驱动的方法，可以准确了解标准化体系的执行质量和改进空间。

2）建立反馈和改进机制。鼓励团队成员、项目管理人员及其他利益相关方提供反馈，通过定期的调查问卷、建议箱或反馈会议收集对治理体系的意见和建议。制定明确的流程处理改进建议，包括建议的收集、评估、实施及对改进效果的跟踪，确保每一条建议都被认真考虑，并对被采纳的建议给予适当的认可。

3）灵活调整和持续优化。定期审视外部环境和行业趋势，确保治理体系能够适应市场和技术的变化。在必要时，调整或更新标准以保持体系的相关性和有效性。建立持续改进的文化，将标准化体系视为一个动态的、可持续发展的框架。通过不断的学习、实践和优化，推动标准化体系朝着更成熟、更高效的方向发展。

通过实施这些策略，组织可以确保治理体系不仅在初始阶段有效，而且能够随着时间的推移不断进步和适应新的挑战，从而在数字化转型的道路上提供坚实和动态的支撑。

第三节　数字化转型项目管理生命周期模型

开展数字化转型项目并非一项简单的任务，它与众多因素紧密相关，且在不同情景下需要采用不同的项目管理方法。数字化转型项目的成功依赖于对以下 5 个关键条件的深入理解和考量：

1）组织文化和结构。开放、灵活的组织文化可能更适合采用敏捷型管理方法，而传统、层次分明的组织结构更适合采用预测型项目管理方法。

2）技术成熟度。组织在特定技术领域的成熟度也决定了项目管理方法的选择。对于那些技术新颖且变化快速的项目，采用敏捷型方法更合适，以便快速适应技术发展和市场需求的变化。

3）市场和客户需求。在客户需求不断变化的环境中，敏捷型项目管理能够提供更多的灵活性和适应性。

4）项目规模和复杂度。项目的规模和复杂度也直接影响项目管理方法的选择。大规模、复杂度高的项目需要更多的结构化方法，而小型项目更适合采用灵活的敏捷方法。

5）风险和不确定性。在高风险、高不确定性的项目中，敏捷型管理方法允许项目团队更快地响应变化，降低风险。

综上所述，在启动任何数字化转型项目之前，组织都必须综合考虑上述条件，根据具体情景选择最合适的项目管理方法。这种情景化的方法确保了项目管理的策略和实践能够与组织的特定需求和环境相匹配，从而提高项目成功率，并最大限度提高数字化转型项目的价值。

一、数字化转型的两种项目类型

在这个背景下，区分和理解不同类型的数字化转型项目变得尤为重要。主要的项目类型包括信息化建设项目和数据驱动项目。

信息化建设项目通常采用预测型方法，数据驱动项目则通常采用敏捷型方法，这主要由它们各自的项目特性和目标所决定。

信息化建设项目和预测型方法的项目特性和目标如下：

1）明确的需求和目标。信息化建设项目（如 ERP 系统实施项目、基础设施升级项目）往往有着明确的需求和目标，这些项目的范围、时间线和成本在项目启动前就已经被详细规划和定义。

2）稳定性和可预测性。这类项目的成功依赖于事先的规划和预测，因为它们通常涉及大量的前期投资和资源配置。预测型方法通过事先定义的计划和流程最小化风险，确保项目按照既定路径执行。

3）变更控制。在信息化建设项目中，任何需求的变更都需要经过严格的变更控制流程，以避免成本和时间的过度膨胀。

数据驱动项目和敏捷型方法的项目特性和目标如下：

1）需求的不确定性和变化。数据驱动项目（如大数据分析、AI 模型开发）面临的是不断变化的需求和技术环境。这类项目的目标在项目执行过程中发生变化，以适应新的市场需求或技术进展。

2）快速迭代和适应性。敏捷型方法通过短周期的迭代开发和持续反馈机制，允许项目团队快速响应这些变化。这种方法强调适应性规划和开发，以及客户参与和团队协作。

3）创新和实验文化。数据驱动项目往往探索新技术和未知领域，需要一种鼓励实验和创新的项目管理方法。敏捷型方法提供了实验和学习的空间，支持"尽早失败、快速失败并从中学习"的文化。

这两种类型的项目管理方法在数字化转型中有着各自独特的作用和优势。信息化建设项目通常涉及固定范围和明确目标的项目，如系统升级或新技术的部署。这类项目依赖于详细的前期规划和预测，以确保项目目标的实现和资源的有效分配。数据驱动项目特别强调快速迭代和灵活性，以应对不断变化的市场和技术环境。通过实行短周期迭代开发和持续集成用户反馈，这类项目能够迅速适应用户需求和技术演进，从而推动创新和业务流程优化。

理解这两种项目类型及其在数字化转型中的作用，对于制定有效的项目管理策略和确保项目成功至关重要。这两种项目类型的具体应用场景和管理方法，为组织实现数字化转型提供实践指导和创新灵感。

1. 信息化建设项目

预测型方法适用于那些在项目启动前就能明确需求、时间线和成本预算的情况，信息化建设项目通常采用这种方法。这类项目的核心特征包括需求稳定、目标明确及计划导向。

（1）项目规划和执行的典型流程

预测型项目管理遵循一个结构化和线性的流程，该流程确保项目能够按照既定的计划顺利进行，从项目启动、计划、执行、监控到项目结束形成闭环。每个阶段都有明确的输出和审批流程，变更控制严格，以确保项目按照既定的路径前进。表2-1是预测型项目管理的典型流程及每个阶段的关键活动和输出示例。

表 2-1 预测型项目管理的典型流程及每个阶段的关键活动和输出示例

阶段名称	关键任务	主要成果	示例
项目启动阶段	明确项目的目标、范围和宗旨；识别和定义具体目标及工作范围；识别关键利益相关方；制订初步项目计划	项目章程和初步的项目范围说明	组织升级 ERP 系统，明确升级的目标、业务效益和主要利益相关方
项目计划阶段	细致规划项目的时间线、预算、资源、风险管理计划以及通信计划	项目管理计划，涵盖时间安排、成本预算、资源分配和风险应对策略	ERP 系统升级的项目计划，包括软件选择、硬件需求分析、培训计划、具体时间表及预算安排
项目执行阶段	按照项目管理计划执行各项任务，进行资源配置、团队建设和任务分配；实施计划中的各项活动	项目的实际交付物，包括已完成的任务和阶段性成果	ERP 系统升级中的软件安装、数据迁移、用户培训和系统测试
项目监控阶段	对项目进度和性能进行持续监控，包括时间管理、成本控制、质量管理和风险监控	进度报告、成本报告和质量审查报告	ERP 系统升级中的项目实施进度跟踪，确保项目没有超出预算，并满足质量标准
项目结束阶段	完成所有项目活动、正式关闭项目、进行项目回顾、评估项目的成败和识别经验教训	项目结束报告和经验教训文档	ERP 系统升级的项目结束阶段评估，识别管理过程中的优点和缺点

1）在项目启动阶段，首要任务是明确项目的目标、范围和宗旨。这涉及识别和定义项目要实现的具体目标，以及界定项目的工作范围。同时，识别项目的关键利益相关方并制订一个初步的项目计划也是此阶段的重要组成部分。在这个过程中，主要的输出包括项目章程和初步的项目范围说明，这两份文档共同为项目提供了清晰的方向和预期成果的基础。以

103

组织升级 ERP 系统为例，项目启动阶段将会明确升级的目标、预期带来的业务效益，以及项目的主要利益相关方。这一阶段是确保项目顺利启动和后续执行的关键，通过明确这些初始条件，项目团队能够建立一个共同的理解和目标，为项目的成功奠定基础。

2）在项目计划阶段，关键任务包括对项目的时间线、预算、资源、风险管理计划及通信计划进行细致规划。此阶段的主要成果是项目管理计划的形成，涵盖项目的时间安排、成本预算、资源分配和风险应对策略等关键要素。以 ERP 系统升级为例，项目计划应包含软件选择、硬件需求分析、培训计划、实施的具体时间表及预算安排。

3）在项目执行阶段，主要活动包括按照项目管理计划执行各项任务，进行资源配置、团队建设和任务分配，并实施计划中的各项活动。该阶段的输出是项目的实际交付物，包括已完成的任务和阶段性成果。例如，在 ERP 系统升级项目中，执行阶段的活动包括软件的安装、数据迁移、用户培训和系统测试等。

4）项目监控阶段涉及对项目进度和性能的持续监控，确保项目能够按照既定计划顺利进行，包括时间管理、成本控制、质量管理和风险监控等方面。此阶段的输出包括进度报告、成本报告和质量审查报告，这些报告有助于项目团队和利益相关方了解项目的当前状态。在 ERP 系统升级项目中，监控活动涉及跟踪项目的实施进度，确保项目没有超出预算，并满足既定的质量标准。

5）项目结束阶段包括完成所有项目活动、正式关闭项目、进行项目回顾、评估项目的成败和识别经验教训。该阶段的输出是项目结束报告和经验教训文档，可为未来的项目提供宝贵的参考和学习机会。ERP 系统升级项目的结束阶段会评估项目目标是否已经达成，识别在项目管理过程中的优点和缺点，并记录下来供未来改进之用。

（2）预测型项目管理的优势和挑战

预测型项目管理方法以其严格的范围和成本控制为基础，为项目带来了一系列的优势。这种方法通过详尽的前期规划，最大限度地涵盖项目的所有方面，从而在项目启动之前就对时间、成本和资源进行准确的预测。这种预先的确定性为项目提供了一个清晰的路径，特别适合于那些需求明确、变更较少的环境，如基础设施建设或大型系统集成项目。通过这种方法，项目经理能够提前识别潜在的风险，合理安排里程碑，确保项目目标实现。

当然，预测型项目管理也面临诸多挑战。在快速变化的商业环境中，项目需求会不断变化，给预测型管理带来了考验。一旦项目启动后出现需求变化，预测型方法由于其固有的刚性和对初期计划的依赖，往往难以灵活应对。这种缺乏适应性会导致项目延期、成本超支，甚至最终无法满足用户的实际需求。例如，一个预定两年完成的软件开发项目，由于市场需求的快速变化，原始规划的功能在项目完成时已不再符合用户需求。

此外，预测型方法要求项目的所有方面在启动前就完全确定下来，这在某些情况下可能不太现实。对于那些探索性较强、创新型的项目，如新技术研发，刚开始时很难有一个清晰的全貌。在这种情况下，项目团队需要在项目进行过程中不断学习和调整，这就要求项目管理方法具备更高的灵活性和适应性。

为了克服这些困难与挑战，一些组织开始采用混合型项目管理方法，结合预测型和敏捷型方法的优点，以适应不同项目的具体需求。例如，项目的一部分可以采用预测型方法管理，以确保基础框架的稳定性；另一部分则可以采用敏捷型方法管理，以适应需求的变化和加快交付速度。这种灵活的方法使得项目管理能够更好地适应不断变化的环境并兼顾效率和创新。

2. 数据驱动项目

数据驱动项目采用敏捷项目管理方法，专注于快速响应市场变化和客户需求。这类项目以迭代、灵活性和持续的客户反馈为核心特征，特别适用于新产品开发、软件开发和应对快速变化的市场环境。

（1）敏捷型项目管理的实施方法

敏捷型项目管理方法以其迭代和增量的开发模式著称，旨在灵活应对和适应项目需求的快速变化。与传统的预测型项目管理不同，敏捷方法鼓励短周期的计划和反馈循环，以持续调整和优化项目的方向和输出。敏捷型项目管理重思维而轻流程，其主要特点体现在以下 4 个方面：

1）迭代开发。项目被划分为多个短周期的迭代或冲刺，每个迭代通常持续 2~4 周，快速交付具体功能。例如，在购物类软件开发中，团队可以首先开发登录功能，然后逐步添加搜索、购物车和支付等功能。这样不仅加快了功能交付，还允许团队根据客户即时反馈进行调整，提升产品价值。

2）自主团队。敏捷项目强调小型、跨功能的团队自我管理和决策。例如，在开发新移动应用时，团队成员可包括开发人员、设计师、测试工程师和产品经理，他们共同确定每个迭代的重点并密切合作。

3）跨功能协作。团队成员之间、成员与客户或产品所有者之间的紧密合作确保了快速响应需求变化。例如，如果客户反馈需要调整用户界面，团队可以快速行动，在下一个迭代中进行改进。

4）快速决策。敏捷管理提倡在挑战面前快速决策，支持项目的快速迭代。例如，面对技术问题时，团队可迅速集结讨论、形成并立即执行解决方案，减少等待和延误。

综上所述，敏捷型项目管理中的自主团队、跨功能协作和快速决策是项目成功的关键因素。这些原则不仅加快了项目的交付速度，还提高了产品的质量和市场适应性，是现代敏捷环境下不可或缺的实践。

（2）敏捷型项目的优势和应对的挑战

敏捷型项目管理方法主要优势在于其出色的适应性、灵活性和快速响应能力，可以迅速应对需求和市场的变化，从而快速地交付项目成果，有效满足客户需求。这种方法的灵活性使得项目能够在整个开发过程中持续演进，确保最终产品能够真正解决用户的问题。

然而，敏捷型项目也面临一定的挑战。需求的不确定性和持续的变化有时会导致项目方向调整频繁，这不仅对项目团队的沟通和协作能力提出了更高的要求，也使得对项目最终范围和成本的准确预测变得更加困难。团队必须具备高度的适应性和灵活性，以便快速解决问题并调整项目方向，同时保持对项目目标和预算的控制。

总的来说，敏捷型项目管理的优势在于能够为客户提供高质量的产品和服务，而挑战则在于如何有效管理需求变化带来的影响，确保项目团队能够高效协作，同时控制项目范围和成本。

通过对这两种项目类型的比较，组织可以更有针对性地选择适合其特定情景的项目管理方法开展项目工作，以实现数字化转型的目标。

二、数字化转型过程中不同项目类型的适用场景

1. 信息化建设项目的适用场景

在实施企业资源规划（ERP）系统时，大型组织需要整合跨部门的信

息系统，旨在提升运营效率和确保数据的一致性。例如，ERP 实施项目包括将财务、人力资源和供应链管理系统整合到一个统一的平台。这类项目由于其较高的复杂性和较大的规模，需要进行精细规划和周密协调，适合采用预测型项目管理方法。

基础设施升级项目，如承载信息系统的硬件设备升级，是为了提高处理能力和安全性而进行的。这些项目通常涉及更换或升级关键硬件组件、实施新的安全协议或扩展数据存储容量。鉴于项目的高风险性（如潜在的停机时间和数据泄露风险），需要详细的分阶段规划，以最小化中断并确保在分配的预算和时间内实现所有目标。

对于此类型的项目，选择预测型项目管理方法时有许多关键因素需要考虑，这些关键因素包括以下 3 个方面：

1）需求稳定性。这类项目通常具有明确且稳定的需求，随时间变化不大，允许在项目开始时进行全面规划，详细说明项目从里程碑到资源分配的各个方面。

2）成本和时间限制。如 ERP 实施和基础设施升级这样的项目，往往有固定的预算和时间表。预测型项目管理方法得益于其详细的规划和时间表管理，擅长制定并遵循这些限制。

3）风险管理。预先识别潜在风险并制定相应的缓解策略，是预测型项目管理的另一个支柱。对于复杂的大规模项目，提前识别出现的问题可以节省大量的时间和资源。这包括在规划阶段进行风险评估，预见影响项目时间、成本或质量的挑战。

总而言之，选择预测型项目管理方法特别适用于需求明确、风险可控的项目，这种方法使组织能够以结构化、分阶段的计划应对大规模集成和升级的复杂性，同时符合其战略目标。

2. 数据驱动项目的适用场景

在数字化转型的过程中，数据驱动项目因其对快速变化的市场的适应性和对创新的需求而显得尤为重要。以下分析了数据驱动项目的适用场景，并详细描述了选择敏捷型项目管理方法的关键考量因素。

在新产品开发项目中，市场需求的快速变化要求开发团队能够灵活调整产品特性，以更好地满足客户需求。例如，开发一款新的智能手机应用程序，需要根据用户反馈快速迭代产品功能，增加新的交互设计或改善用户体验。

在大数据分析项目中，项目目标是从不断变化的大量数据中提取有价值的洞察，支持更加精准的业务决策。项目往往需要处理和分析实时数据流（如社交媒体趋势分析），这要求项目团队具有快速适应和调整分析模型的能力。

敏捷型项目管理的关键考量因素有以下 3 个方面：

1）需求变化。数据驱动项目面临的环境不断变化，需求的变化频繁且快速。敏捷型项目管理方法提供了必要的灵活性，使项目能够快速适应这些变化，并及时调整方向以满足新的或变化的需求。

2）创新和实验。这类项目通常旨在探索新技术或开拓新市场，需要鼓励创新和快速试错的环境。敏捷方法通过短周期的迭代和持续的反馈循环，促进了创新思维和实验精神，有助于团队在寻找最有效解决方案的过程中进行快速学习和调整。

3）客户参与。数据驱动项目的成功在很大程度上依赖于持续的客户反馈和参与。敏捷方法通过定期的产品迭代和评审会议，确保客户的需求和反馈被及时收集并反映在产品开发过程中，从而保证产品的持续迭代和优化。

总之，由于数据驱动项目的特点包括需求频繁变化、对创新的追求及高度依赖客户反馈，敏捷型项目管理方法成为实现项目目标的理想选择。通过采用敏捷型项目管理方法，项目团队不仅能够快速响应市场和技术的变化，还能在创新的过程中持续学习和成长，最终实现项目顺利实施和组织能力提升的双赢。

第四节　数字化转型项目组织治理和职能协同

一、定义组织治理结构

1. 明确治理原则

在数字化转型项目的初期，确立明确的治理原则对于项目的成功至关重要。这些原则不仅涉及决策权的合理分配，还包括职责的清晰界定和在项目各相关方之间寻求利益平衡，见表2-2。为此，组织需要建立一套有效的治理机制，指导整个项目的管理和执行过程。

表 2-2　明确治理原则

治理原则	详细描述	目的和效果
决策权的分配	基于项目规模和复杂度分配决策权。高层管理者制定关键策略，日常决策由项目经理和团队执行	提高决策效率，适应项目变化

（续）

治理原则	详细描述	目的和效果
职责的明确划分	项目初期明确所有参与者角色和职责，包括团队成员、供应商和合作伙伴，防止职责重叠或遗漏	确保任务明确，每个环节都有明确责任
利益平衡的寻求	项目各阶段调和不同利益相关方的需求和期望，通过沟通和协商预防冲突，保持项目稳定	维护利益平衡，推动项目稳定进行

1）决策权的分配应该根据项目的规模、复杂度及影响范围决定。高层管理者通常负责做出关系到整个项目方向和战略的重大决策，如项目投资的批准、关键里程碑的确定及重大风险的应对措施，而日常的项目管理决策，如任务分配、进度调整和问题解决等则可以授权给项目经理和项目团队自主决定。这种分权可以提高决策效率，确保项目能够灵活应对变化。

2）职责的明确划分是确保项目顺利进行的关键。每个参与者的角色和职责应当在项目开始之初就明确定义，包括项目团队成员、供应商、合作伙伴及其他利益相关方。明确职责有助于避免责任重叠或遗漏，确保每个环节和任务都有人负责。

3）找到各方利益之间的平衡点是维持项目稳定推进的关键要素。组织需要通过有效的沟通和协商，确保这些需求和期望得到妥善平衡和调和，以避免潜在的矛盾和冲突。

通过明确这些治理原则，组织可以建立一个透明、高效且具有参与性的项目管理体系。这不仅有助于提升项目团队的执行力，还能够确保项目能够按照既定目标顺利推进。

2. 治理架构设计

在设计数字化转型项目的组织治理架构时，至关重要的一步是确立一个清晰定义各关键角色及其职责，以及各关键角色之间协作关系的体系。
这一架构不仅要保证项目目标与组织的整体战略一致，还应促进不同部门
之间的有效沟通和合作，以推动项目的顺利开展，见表 2-3。

表 2-3 治理架构设计

角色	职责	重要性
项目发起人	确定项目的愿景、目标和预算，提供资源，做出战略性决策	确保项目与组织战略一致
项目经理	制订项目计划，组织团队，分配任务、监控进度，解决问题	确保项目按计划执行
业务部门负责人	匹配项目输出与业务需求，与 IT 部门合作	确保项目成果支持业务目标
IT 部门负责人	实施技术方案，保证系统的稳定性和安全性	确保技术支持业务需求

1）项目发起人（或称为项目赞助人）负责确定项目的愿景、目标和
预算。他们通常是高层管理者，能够为项目提供必要的资源和政策支持，
并在关键时刻为项目做出战略性决策。

2）项目经理是项目日常运作的关键人物，负责制订项目计划、组织
团队、分配任务、监控进度，并处理项目过程中出现的各种问题。项目经
理需要与项目发起人密切沟通，确保项目的实施符合预定目标和预算。

3）业务部门负责人在项目中扮演着桥梁的角色，他们了解业务需求
和目标，能够确保项目成果满足业务方面的期望和需求。他们需要与 IT 部
门负责人紧密合作，确保技术解决方案与业务战略匹配。

4）IT 部门负责人则负责技术实施和支持，包括选用合适的技术平台、
确保数据安全和系统稳定性。他们既需要理解业务需求，制定可行的技术

方案，也需要管理 IT 团队，确保技术实施的顺利进行。

通过建立这样一套治理架构，组织可以确保各关键角色在项目中发挥其最大作用，同时通过明确的职责划分和紧密的协作机制有效推动项目向预定目标前进。这种跨职能的合作模式不仅能加快项目进度，还能提高项目成功率，为组织创造更大的价值。

二、职能协同机制

1. 跨部门协作

在数字化转型项目中，跨部门协作是项目成功的关键。这种协作不仅涉及 IT 部门与业务部门之间的合作，也涉及市场、人力资源等其他部门的参与。以下是促进这种跨职能团队间沟通与协作的具体措施。

（1）建立跨职能工作小组

通过创建一个由 IT 专家、业务分析师、市场专员等不同背景的成员组成的工作小组，可以实现知识和技能的互补。这样的团队结构有助于从多个角度审视问题，促使团队成员跳出自己的专业范围，共同探索创新的解决方案。例如，在开发一个新的客户关系管理系统时，不同部门的专家可以共同定义系统的功能需求，确保所开发的解决方案既符合技术标准，又满足市场和销售的实际需求。

（2）定期召开跨部门会议

定期召开跨部门会议可以确保项目的所有关键利益相关方都能在同一个平台上分享信息、讨论项目进展和面临的挑战，不仅有助于促进团队成员之间的信任和理解，还能提前发现并解决潜在的问题。通过这种方式，项目团队可以在项目实施过程中保持高度的透明度和协同性。

（3）设置共同目标

为整个项目团队设定清晰、一致的目标至关重要。这要求项目管理者与所有团队成员共同确认项目的最终目标，并确保这些目标与组织的整体战略一致。共同目标的设定有助于确保所有团队成员都朝着同一个方向努力，同时减少重复工作和资源浪费。例如，如果项目的目标是提升客户服务体验，那么从前台的客户服务到后台的技术支持，每个部门都需要围绕这一目标展开工作，共同推动项目的成功实施。

通过实施这些措施，组织能够有效促进不同部门之间的沟通与协作，为数字化转型项目的成功奠定基础。这种跨部门的合作方式不仅能加快项目进度，还能提高项目成果的质量和效率，最终推动组织实现其数字化转型的目标。

2. 系统工具和平台

在数字化转型项目管理中，利用协作平台和工具对于提高团队之间的沟通效率、促进项目管理的高效执行至关重要。这类工具和平台能够支持团队成员无论身处何地，都能进行实时沟通、文件共享和协作。以下是一些常见的管理软件、协作平台和工具。

（1）管理软件

项目管理软件，如钉钉、Teambition、Trello、Jira 和 Asana，提供了一套完整的解决方案，有助于项目团队跟踪和管理任务进度。这些软件允许项目经理分配工作、设定截止日期，并通过可视化的看板和时间线监控整个项目的进展。例如，Jira 支持敏捷项目管理，通过敏捷看板和冲刺计划，团队可以灵活地规划和执行任务，同时保持对项目进度的清晰可视化。

（2）协作平台

协作平台，如企业微信、Slack、Microsoft Teams 和 Zoom，能够提供文本、音频和视频通信功能，极大地促进了团队成员之间的即时交流和远程协作。Slack 允许创建多个频道，针对不同的项目或主题进行讨论。Microsoft Teams 则集成了 Office 365，使得文档共享和团队协作更加无缝。Zoom 的视频会议功能使远程会议变得简单易行。这些平台工具软件都有助于加强团队成员之间的联系，及时解决项目中遇到的问题。

（3）文档共享与协作工具

文档共享与协作工具，如石墨文档、飞书、腾讯文档和 Microsoft Office 365，支持多人实时编辑同一份文档、表格或演示文稿。这些工具的使用，促进了项目资料的即时共享和团队成员之间的集体智慧汇聚。例如，团队成员可以同时在同一份文档上工作，实时查看彼此的更改，并通过评论功能进行沟通，极大地提高了工作效率和协作质量。

总的来说，通过整合和有效利用协作工具和平台，数字化转型项目团队可以实现更高效的沟通、更紧密的协作，以及更灵活的项目管理。这不仅提高了团队的工作效率，还增强了项目管理的透明度和可追踪性，显著提升了执行效率和成果。此外，建立有效的职能协同机制，包括跨部门协作策略和广泛使用协同工具，不仅加强了团队内部的沟通与协作，还为项目带来了更多的创新思路和解决方案，推动了组织整体的数字化转型进程。

三、组织文化塑造

1. 鼓励开放和创新文化

在数字化转型过程中，鼓励开放和创新文化是推动组织发展的关键因素。这种文化的核心是促进自由沟通和创新思维，鼓励员工积极分享他们的想法和见解，即便这些想法可能会遇到挑战。为了实现这一目标，组织需要创造一个安全、包容的环境，确保员工感到他们的想法被重视和尊重，哪怕是那些最终未被采纳的想法。

（1）案例分享和学习

定期举行的案例分享会是激发创新灵感和动力的有效方式。通过这些会议，团队成员可以分享他们在数字化转型项目中的创新尝试和成功经验。这不仅有助于传播知识和最佳实践，还能够激励其他员工思考和提出新的想法。例如，一些团队成员可分享他们如何通过引入新技术来优化流程，这会激发其他团队成员思考如何在自己的工作中应用此类或其他类似的技术。

（2）创新工作组

组织创新工作组是促进跨部门合作和创新的另一个有效方法。这些活动鼓励团队成员跳出日常工作的框架，共同解决问题或开发新的解决方案。参与者可以自由组队，针对特定的挑战或机会进行头脑风暴和原型制作。这种活动不仅增强了团队协作，还能够在一个非正式、实验性的环境中探索和测试新想法。例如，某跨部门的团队可能在期间开发出一个新的客户反馈收集工具，该工具后来被整个组织采用，以提高客户满意度。

通过这些措施，组织可以有效地塑造一种鼓励开放沟通和创新思维的文化，为数字化转型的成功打下坚实的基础。这种文化不仅促进了知识分享和团队合作，还为员工提供了一个展示和实现其创意的平台，从而推动组织的持续发展和创新。

2. 变革管理

在数字化转型过程中，实施有效的变革管理对于帮助组织顺利完成转型至关重要。下面将详细介绍适用于数字化转型的变革管理策略。

（1）加强沟通策略

一个全面的沟通策略应当是所有变革管理计划的核心，不仅包括向员工传达变革的情况，更重要的是让他们积极参与转型对话。这可以通过以下3种方式实现：

1）定制化信息。根据员工在转型中的不同角色，提供针对性的沟通内容。

2）反馈循环。建立明确的渠道，以便员工可以提出问题并提供反馈。这可以通过召开大会、设置专门的问答环节或使用数字论坛实现。

3）持续参与。保持沟通渠道始终开放，定期分享项目进展、面临的挑战和已达到的里程碑，以维持团队的一致性和参与度。

（2）全面的培训和支持

培训应针对组织内各种角色的需求进行定制，并且应设计为一个持续的过程，而不是仅限于一次性事件。这包括：

1）角色特定培训。根据不同角色所需的知识和技能定制培训内容，以确保所有员工都感到培训是经过充分准备的，并得到他们的支持。

2）情感和心理支持。鉴于数字化转型可能引发的不安感，必须提供心理辅导服务、压力管理工作坊和韧性培训，帮助员工减缓和消除变革带来的心理压力。

3）导师计划。通过将经验较少的员工与经验丰富的导师配对，促进知识传递，减轻恐惧，并培养支持性的工作文化。

（3）反馈和调整

创建一个有效的反馈机制，让员工可以自由地表达他们的担心、问题和建议，对于确保变革措施的有效性和及时调整至关重要。组织应鼓励开放的反馈文化，并对收集到的反馈进行认真分析和响应。基于员工的反馈，组织需要对变革计划进行调整，以解决实际问题并优化变革过程。

通过实施这些策略，组织不仅可以有效管理数字化转型过程中的挑战和阻力，还可以促进员工的积极参与和支持，确保变革的成功实施。这种综合的变革管理方法，通过促进透明度、提供支持并积极响应反馈，帮助组织和员工共同成长，最终实现数字化转型。

四、成功案例与挑战

以某智能制造企业的数字化转型为例。这家名为"智造未来"的中型制造企业，多年来一直专注于高端制造设备的生产。随着市场竞争的加剧和客户需求的多样化，传统的供应链管理模式开始显露出效率低下和响应缓慢的问题。为了解决这些问题，提升业务运营效率和客户满意度，"智造未来"决定启动一项数字化转型计划，重点改造其供应链管理系统。

1. 数字化转型的关键技术

（1）云计算

"智造未来"为其供应链管理系统选择了适合的云平台，考虑了成本效率、安全性、可扩展性和对现有 IT 基础设施的兼容性等因素。该公司与云服务提供商紧密合作，定制了一个多层安全策略，以确保数据的安全性和合规性。此外，云平台的实施包括数据迁移计划，确保数据从传统服务器无缝迁移到云服务器，同时实施数据加密和定期备份策略，保障数据的完整性和可访问性。

（2）人工智能

"智造未来"在供应链管理中引入了机器学习算法，特别是在库存管理和需求预测方面。企业开发了自动化的库存监控系统，该系统能够实时分析销售数据，预测特定产品的需求趋势，从而优化库存水平并减少过剩或库存短缺的情况。此外，利用机器学习模型分析客户购买行为，"智造未来"能够提前调整生产计划，以适应市场需求的变化。

2. 实施挑战与解决策略

（1）技术接入挑战

"智造未来"面对技术接入的挑战，采取了与领先的技术供应商合作的策略，确保技术选择符合最新标准并能够完全满足企业需求。为了提升团队的技术能力，公司投资于员工的持续教育，包括在线课程、工作坊和实际操作训练，尤其是云计算和人工智能的应用培训。通过设置技术导师制度，经验丰富的 IT 专家可以直接辅导非技术员工，帮助他们更快适应新系统。

（2）员工培训与文化适应

为了减少和避免员工对新技术的抵触情绪，"智造未来"开展了一系列内部沟通活动，如 CEO 的直播讲话、团队会议和员工见面会，强调数字化转型对企业未来发展的重要性。同时，企业通过在内部新闻通讯中展示数字化成功案例，激励员工参与转型过程。企业还设立了奖励机制，对在转型过程中表现出色的团队和个人给予奖励，以此提高员工的积极性和参与度。

3. 实施成效

通过数字化转型，"智造未来"的供应链管理效率显著提升，库存周转率提高，对市场变化的响应速度加快，客户满意度也得到了显著提高。此外，数字化转型也为企业带来了新的业务机会，如基于数据分析的个性化客户服务，进一步增强了企业的市场竞争力。

4. 经验与洞见

"智造未来"的案例表明，成功的数字化转型需要清晰的战略规划、先进技术的有效应用、员工培训与文化适应的同步进行，以及对实施过程中所面临挑战的积极应对。该案例已经成为同行业企业在制定数字化转型策略和执行细节时的宝贵参考。

第五节　数字化转型项目管理体系内容的相互作用

一、系统性视角

在探讨"数字化转型项目管理体系内容的相互作用"时，从系统性视角深入分析是至关重要的。这个视角可以帮助人们理解数字化转型不仅仅是技术的变革，更是组织管理和运营模式全面升级的过程。根据第二章第二节"数字化转型项目管理体系支撑"所描述的内容，探讨其相互关系。

1. 人才体系的核心地位

人才体系是数字化转型的基石。组织需要培养和吸引具有数字技能的人才，如数据科学家、云计算工程师、AI 技术专家等，他们的知识和技能是推动数字化转型项目成功的关键。同时，人才体系还应关注提升现有员工的数字技能，确保他们能够适应新的工作模式。人才体系的建设不仅需要强化技术能力的培训，还需要涵盖创新思维和团队协作能力的提升，从而促进跨部门的有效沟通和合作。

2. 标准化体系的支撑作用

标准化体系为数字化转型提供了操作规范和质量保证，涉及项目管理流程、数据处理规范、安全性要求等方面的标准化，有助于降低变革过程中的风险，提高运营效率。通过制定统一的标准和规范，标准化体系可确保不同项目和部门之间的一致性，为人才体系的有效运作和数据治理体系的实施提供坚实基础。

3. 评价体系的反馈机制

评价体系通过对数字化转型过程和结果的持续监控与评估，为组织提供了改进和优化的依据。它能够帮助组织及时发现问题、评估项目实施的效果，以及衡量数字化转型对业务的实际影响。同时，评价体系的反馈也是调整人才发展计划、优化标准化流程和改进数据治理策略的重要依据。

4. 数字技术应用体系的深入推动

数字技术应用体系通过在项目实际业务场景中应用前沿数字技术，推动了业务模式和运营方式的创新。它不仅促进了技术与业务的深度融合，还激发了跨职能团队之间的创新合作，为组织带来了新的潜在增长点。该体系的成功实施需要依赖人才体系的支撑、标准化体系的指导和评价体系的反馈调整。

5. 数据治理体系的基础作用

数据治理体系为数字化转型提供了数据的安全、质量和有效利用的保障。在数字化转型中，数据是最宝贵的资产之一。通过有效的数据治理，组织可以确保数据的准确性和可靠性，支撑数据驱动决策。此外，强大的数据治理体系还能促进跨部门的数据共享与协作，加强数据在不同业务场景下的应用，推动数字化应用深化体系的发展。

数字化转型项目管理体系的各个组成部分之间存在着复杂的相互作用。这种系统性的相互作用不仅涉及技术层面的融合与创新，更关键的是促进了组织结构、管理流程和企业文化的全面变革。通过理解和优化这些相互作用，组织能够更有效地推进数字化转型项目，实现业务的持续增长，打造竞争优势。

二、系统性视角的应用实例

1. 人才体系与数据治理体系的相互作用

为了能够更详细地描述各体系组成部分在实际项目管理中如何相互作用，并提供更深刻的理解和实用的指导，以下做进一步说明。

考虑到数字化转型的核心在于数据的有效利用，人才体系和数据治理体系的结合变得尤为重要。例如，某金融服务公司面对海量的客户数据处理需求，决定通过培训现有的数据分析师和招聘数据科学专家来强化其数据治理能力。为了实现这一目标，该公司开展了一系列以数据治理为主题的内部培训课程，覆盖数据加密、数据质量控制、合规性检查等关键技能。同时，该公司还建立了一套数据治理框架，明确规定了数据的采集、存储、处理和分享的标准流程，确保了数据治理的系统性和全面性。

通过这种方式，该公司不仅提升了团队成员处理复杂数据的能力，还依靠有效的数据治理体系保障了数据的安全和质量，进一步支撑了公司的数据驱动决策过程，显著提升了业务运营效率和客户服务质量。

2. 评价体系反馈指导标准化体系的调整

在另一个案例中，某制造企业在推进其智能制造转型项目时，通过建立一个全面的评价体系收集项目实时的反馈信息，用以指导标准化体系的持续优化。企业制定了一套详尽的项目管理和生产流程标准，包括产品设计、原材料采购、生产调度和质量控制等环节。通过实时数据收集和分析系统，企业能够迅速获得生产线的运行数据、员工的操作表现和客户的反馈信息。

利用这些数据，企业对标准化流程进行了细致的评估，发现了一些流程中的瓶颈和不足之处，如原材料采购流程冗长导致的生产延迟，以及产品质量控制标准不一致导致的客户投诉。基于这些反馈，企业及时调整了相关流程和标准，简化了采购流程，统一了质量控制标准，显著提高了生产效率和产品质量。

这些案例清晰地表明，在数字化转型项目管理中，各体系组成部分如何通过相互作用和整合，共同促进了项目的成功实施和组织的持续改进。通过深入分析这些实例，可以获得关于如何在自身组织中实施和优化这些体系相互作用的实用见解，从而有效推进数字化转型进程的实施。

三、相互促进与增强

1. 标准化体系与数据治理的协同

（1）标准化体系的作用

在数字化转型的过程中，标准化体系充当了一个关键的框架角色，它通过设定明确的标准和规范，指导技术的实施、数据的处理及项目的管理。这一体系的存在确保了转型过程中的每一步都能够按照既定的路径高效前进，避免了混乱和效率低下。例如，当企业制定一套统一的 API 接口标准时，不仅有助于加快内部系统间的无缝集成，还能简化与外部合作伙伴的技术对接，从而加速整个数字化转型的步伐。

（2）数据治理体系的支持

数据治理体系的建立，为标准化体系的有效执行奠定了坚实的基础。在数字化转型中，数据的功能作用至关重要。数据治理体系通过确保数据的准确性、完整性和安全性，间接地支持了标准化流程的顺利进行。以数据质量管理为例，定期对数据进行清洗和验证，确保在标准化流程中使用的数据都是准确的，这对于基于数据做出的决策来说是可靠性的保证。此外，良好的数据治理还包括对数据安全性和合规性的管理，这些都是标准化体系顺利实施的前提。

通过标准化体系与数据治理的紧密协同，企业能够在数字化转型的过程中，确保每一项技术的引入和应用都高效、安全、可靠。标准化体系制定了操作规范，而数据治理确保了这些操作依赖的数据是准确、合规的，两者相辅相成，共同推动了数字化转型项目的成功。

在实践中，企业应该重视这两个体系的建设和协同。通过制定合理的标准和规范，同时加强对数据的管理和治理，从而确保数字化转型能够顺利进行，实现企业的长期发展目标。这不仅要求企业有清晰的战略规划，还需要在实际操作中不断地调整和优化，以适应快速变化的市场环境和技术进步。

2. 人才体系与数字化应用深化的相互激励

（1）人才体系的重要性

数字化转型的成功很大程度上依赖具备相应技能的人才队伍。这些人才不仅要掌握新兴技术，更要能在变革过程中展现领导力和创新能力。例如，数据分析师利用他们对数据的深入理解，挖掘业务洞察，推动业务流程和服务的创新。同时，项目经理扮演着确保数字化转型项目沿着既定方向高效前进的角色。这种跨学科的人才结合，为数字化转型提供了坚实的支撑。

（2）应用深化的推动

随着数字化技术在企业中的应用不断深入，对于具备相关技能的专业人才的需求也相应增长。这种需求的增长，促使企业更加注重人才的培养和发展，形成了一个正向的循环。例如，随着人工智能和大数据技术在企业运营中的广泛应用，企业越来越倾向于在内部培养这些领域的专家。这不仅有助于企业把握前沿的技术动态，还能确保在应用这些技术进行业务创新和优化时有足够的专业知识支持。

（3）相互激励机制

在这个过程中，人才体系和数字化应用的深化相互促进，形成了一个互利共赢的局面。一方面，优秀的人才通过他们的技术和管理能力，推动了数字化应用的深化和创新，帮助企业开拓新的业务模式和提升服务质量；另一方面，随着数字化应用的不断深入和扩展，企业对专业人才的需求增加，促使企业投入更多资源进行人才培养和引进，加强了企业的人才体系建设。

通过对人才体系与数字化应用深化相互激励机制的详细描述可以看到，人才是推动数字化转型成功的核心，而数字化应用的深化又为人才的发展提供了广阔的舞台。这一循环不断促进企业在数字化转型的道路上稳步前进、不断创新，最终实现可持续发展。

3. 评价体系的反馈循环

（1）评价体系的作用

评价体系在数字化转型项目管理中的角色至关重要。它通过对项目实施的持续监控和评估，确保项目团队能够及时获取关于项目进展、问题和挑战的反馈信息。这种反馈机制使得管理层能够清晰了解项目在实际执行过程中的表现，及时发现并解决问题。例如，定期进行的项目绩效评估可以揭示资源配置的不足、进度的延误或成本的超支等问题，从而使得项目管理者可以及时做出调整，如重新分配资源或调整项目里程碑，以确保项目目标的实现。

（2）促进标准化体系和人才体系的优化

评价体系提供的反馈对于标准化体系和人才体系的优化具有重要意义。通过分析项目评估中收集到的数据和信息，企业可以针对性地调整和优化其标准化流程和人才发展计划。

1）标准化体系的优化。反馈信息可揭示某些标准化流程在实际应用中的不足或瓶颈，如数据治理流程过于复杂导致数据处理效率低下等。基于这样的反馈，企业可以调整相关的数据标准，简化流程，或引入新的技术工具，以提高效率和数据质量。

2）人才体系的调整。评价体系同样可以揭示人才能力和项目需求之间的差距，如项目团队可能缺乏足够的数据分析能力或对新技术的掌握不足。这种情况下，企业可以根据反馈调整人才发展计划，加强对关键技能的培训或招聘具有所需技能的新人才，从而更好地支撑数字化转型的需求实现。

通过建立有效的评价体系和实施持续的反馈循环，企业不仅能够确保数字化转型项目按照既定目标顺利推进，还能够持续优化其标准化体系和人才体系，以适应项目需求的变化和市场环境的发展。这种持续的自我优化和调整机制，是企业实现数字化转型的关键，也是构建企业长期竞争优势的基础。

四、挑战与解决策略

1．挑战一：目标不一致

在数字化转型的复杂过程中，不同管理体系之间目标不一致经常成为挑战之一。这种不一致可能导致资源配置不当、团队冲突及转型进程延误。例如，人才体系主要聚焦于员工的长期职业发展和技能提升，而项目管理体系更注重于短期的项目交付的效率和成果。要解决该问题，可以考虑建立共享的愿景和目标。

要有效地解决目标不一致的问题，首先需要确立一个组织层面的共享愿景和目标。这意味着组织的各个层面和部门都需要围绕一个共同的长期目标来协调他们的工作，实现这一点的关键在于跨部门的沟通和协作。

（1）跨部门沟通

定期组织跨部门会议，让不同部门的负责人和团队成员共同讨论和理解数字化转型的整体目标和各自的角色。这有助于打破信息孤岛，建立更加开放和协作的工作环境。

（2）共识建立

通过工作坊、团队建设活动等形式，促进不同背景和专业的员工之间相互理解和信任，共同形成对数字化转型目标的认同和支持。

（3）战略规划与调整

定期组织战略规划会议，邀请各个层级的代表参与，确保战略规划和目标设置过程的透明性和包容性。在这些会议中，明确每个部门和团队在实现共享愿景中的作用和责任，同时根据项目实施的反馈和市场变化适时调整目标和策略。

（4）目标一致性的监测

建立一个持续的监测机制，定期评估各部门和项目团队的工作是否与组织的长期目标保持一致。这可以通过设立专门的监督小组或利用平衡计分卡等工具实现。

通过这些策略，组织可以确保在数字化转型过程中不同体系间的目标保持一致，共同支持组织的长期发展。这种对共享目标的坚持，不仅能够减少内部的矛盾、冲突和资源浪费，还能够提高团队的凝聚力、驱动力和执行力，加速数字化转型的成功实施。

2. 挑战二：资源分配和优先级冲突

在数字化转型项目管理的过程中，资源分配和优先级设置的冲突是普遍面临的一个挑战。随着数字化转型项目的不断推进，特别是在资源有限的情况下，不同项目和部门之间的资源竞争会变得尤为激烈。这种竞争不仅可能导致关键项目延误，还可能影响整个组织的运营效率和团队士气。该挑战的解决策略可以考虑以下 4 个方面。

（1）明确资源分配原则

为了有效应对资源分配和优先级设置的挑战，首要步骤是制定明确和公正的资源分配原则。这些原则应当基于组织的长期战略目标和数字化转型的核心需求，确保所有的资源分配决策都能够支持组织的整体发展方向。

（2）采用价值驱动的优先级设定

采用基于价值驱动的方法评估和确定不同项目和活动的优先级，是解决资源分配问题的有效策略。这要求组织能够准确评估每个项目对实现组织目标的贡献度，以及其紧急性和重要性。这样，资源就能够被优先分配给那些能够为组织带来更大价值的项目。

（3）实施灵活的资源管理和调配策略

除了建立合理的资源分配原则和优先级设定机制，实施灵活的资源管理和调配策略也非常关键。例如，采用敏捷项目管理方法，可以使组织在面对不断变化的市场和项目需求时，更加灵活地调整资源分配。通过短周期的迭代和评审，组织可以及时发现问题并调整方向，确保资源能够被高效利用。

（4）加强跨部门沟通和协作

加强不同部门之间的沟通和协作，也是解决资源分配和优先级冲突的有效方法。通过建立跨部门的沟通机制和协作平台，可以促进信息的流通和共享，帮助不同部门更好地理解彼此的需求和挑战，从而在资源分配上达成更多的共识和合作。

通过上述策略，组织可以有效地管理和优化资源分配和优先级设置过程，确保关键的数字化转型项目能够顺利推进。同时，这些策略还有助于保持组织内部的和谐与员工的积极性。成功实施这些策略需要组织层面的支持和领导力的引导，以及每个团队成员的积极参与和协作。

3. 挑战三：跨部门协作障碍

在数字化转型的过程中，跨部门协作的障碍也是一个普遍存在的挑战。这些障碍通常源自组织内部固有的部门壁垒和文化差异，通常会导致信息孤岛、合作不畅和执行效率低下。针对这一挑战，组织需要采取有效的策略促进跨部门之间的密切合作，从而确保数字化转型顺利进行。下面是解决该挑战的 4 种策略。

（1）打破部门间的壁垒

组织需要采取措施打破部门间的壁垒。这可以通过调整组织结构来实现。例如，设立跨部门项目团队或工作小组，将来自不同部门的人才聚集在一起共同工作，以解决特定的问题或推进特定的项目。这种跨部门团队的设立不仅有助于提高工作效率，还能促进知识和信息的共享，加深团队成员之间以及各部门之间的相互理解。

（2）建立跨部门合作的文化

除了结构上的调整，建立一种支持跨部门合作的组织文化也至关重要。这意味着组织需要鼓励开放式沟通、相互尊重和共享成功经验。为此，领导层需要通过自己的行为为员工树立榜样，如通过参与跨部门会议、公开赞扬团队合作的成果等方式强调团队合作的价值。

（3）促进不同背景和专业知识的人才共同工作

组织应该鼓励和促进不同背景和专业知识的人才共同工作，可以通过设立专门的培训项目、研讨会或团队建设活动等实现，旨在提高团队成员之间的理解和信任，帮助他们树立共同的目标。通过这些活动，员工可以更好地了解其他部门的工作重点和挑战，从而在日常工作中更容易找到合作的切入点。

（4）定期召开跨部门沟通会议

组织还应该定期召开跨部门沟通会议，这些会议不仅是分享项目进展和成果的平台，也是识别和解决跨部门合作中出现问题的机会。通过这种定期的沟通，可以及时发现和调整合作中的不足，确保项目目标的顺利实现。

通过实施上述策略，组织可以有效克服跨部门协作的障碍，促进不同部门之间的密切合作，为数字化转型的成功奠定坚实的基础。这不仅需要组织层面的结构和文化调整，还需要每一位员工的积极参与和支持，共同营造一个促进创新和协作的工作环境。

五、未来趋势

随着技术的快速发展，尤其是人工智能和大数据分析的日渐成熟，可以预见几个关键的发展趋势，这些趋势将深刻影响数字化转型项目管理的未来。

（1）数据驱动的决策变得更加精准

大数据分析将使基于数据的决策过程更加精准和高效。项目管理者可以利用大数据工具分析历史项目数据、预测项目风险、优化资源配置，从而提高决策的质量和项目的成功率。

（2）人工智能促进自动化和效率提升

人工智能技术的应用将在项目管理中引入更多的自动化流程，减少手动工作量，提升工作效率。例如，AI 可以自动跟踪项目进度，识别潜在的问题和瓶颈，甚至在某些情况下能够自动调整项目计划以适应变化。

（3）增强的协作和沟通

新兴技术将促进更有效的跨部门和跨地区协作。云平台、协作工具和虚拟现实技术的发展将使得团队成员能够更加轻松地进行实时沟通和协作，不受时间、空间的限制。

（4）人才培养和发展的新方向

随着新技术的不断涌现，对具备相关技能人才的需求也将持续增长。项目管理者需要关注人才的持续培养和发展，尤其是在数据分析、人工智能和数字化策略等领域。

为了适应这些变化，项目管理者需要采取以下策略：

1）持续学习和适应新技术。项目管理者应不断更新自己的技能和知识，掌握最新的技术发展趋势。

2）采用灵活的项目管理方法。采用更加灵活的项目管理框架和方法，如敏捷管理，以适应快速变化的项目需求和技术环境。

3）加强跨领域的合作。促进不同专业背景团队成员之间的合作，利用各自的专长共同解决复杂问题。

4）重视数据保护和隐私。随着数据分析在项目管理中的应用日益广泛，需要加强对数据安全和隐私的保护。

总的来说，只有理解这些未来发展趋势，应对项目中的现实问题，项目管理者及其团队才能在数字化转型的浪潮中保持领先。

第三章

数字化转型项目管理的
创新探索与实践评估

第一节　数字化转型项目管理实践

在理解数字化转型项目管理时，引入具体的实践案例至关重要。本节以案例公司 F 的数字化转型实践为例，展示如何将理论应用于实践并解决实际问题，以及如何通过这一过程促进组织的整体变革。

案例公司 F 是我国某央企的全资子公司，以建设和运营省级电网为核心业务，承担着保障所在省级区域内清洁、安全、高效、可持续电力供应的重要使命。公司经营区域覆盖全省 10 个县区市，管辖近 10 个市供电公司、20 多家直属单位、60 余家县供电公司，员工近 6 万人，资产超过 1000 亿元，客户超过 2000 万户。公司现有 20 余个业务部门，数字化部负责数据的统一归口管理，现有数据管理工作人员 2000 余人。

在面临能源转型的巨大挑战和服务需求日益增长的背景下，案例公司 F 积极拥抱数字化转型，旨在通过引入先进的信息技术和数据分析手段，提升服务效率，优化能源管理，实现智能化升级。这一转型不仅涉及技术层面的更新，更关键的是还要求组织在管理模式、组织结构、企业文化等方面进行全面变革。

案例公司 F 的数字化转型项目包括多个种类，如智能电网建设、客户服务数字化、内部运营流程数字化等。通过实施这些项目，案例公司 F 能够更有效地收集和分析数据，实时监控电网运行状态，预测并应对潜在的供电问题，为客户提供更加便捷、个性化的服务。这不仅提高了电网的运行效率和可靠性，也极大地提升了客户满意度和企业的市场竞争力。

在这一转型过程中，案例公司 F 面临多方面的挑战，包括如何确保不同部门之间的协同合作、如何有效管理和分析海量的数据、如何培养员工的数字技能等。针对这些挑战，案例公司 F 采取了一系列措施，如建立跨部门的项目团队、引入先进的数据管理和分析工具、开展员工培训和技能提升计划等。

通过对案例公司 F 数字化转型实践的分析，可以看到，数字化转型需要组织在战略规划、技术应用、人员培训等多方面进行综合考虑和精心设计，不是一蹴而就的，而是一个持续的过程。案例公司 F 为数字化转型的项目管理提供了宝贵的经验和启示，展示了在复杂的环境中推进数字化转型的可能性和挑战，以及通过实践不断学习和创新的重要性。

一、框架应用

第一章的数字化转型项目管理框架图（图 1-2）提供了一个全面的视角，帮助人们理解如何有效地管理数字化转型项目。通过该架构图解，结合案例公司 F 在数字化转型项目管理方面的实践，展示了如何通过整合和应用这些关键元素，高效、系统地管理数字化转型项目。这不仅为项目管理者提供了一个实用的管理工具，也为理解数字化转型的全局视角提供了宝贵的洞见。

二、实践案例研究

1. 案例研究背景

案例公司 F 主要负责 F 省的电力传输、配电及销售业务，在推动能源结构优化、促进经济社会可持续发展方面发挥了重要作用。采用先进的电网技术和管理方法，努力提升服务质量，为居民和企业供应稳定、可靠的电力，同时积极推动电力系统的绿色、低碳转型，是案例公司 F 的重要任务。

在数字化转型方面，案例公司 F 积极顺应我国电力行业的数字化发展趋势，通过引入智能电网、云计算、大数据分析等先进技术，优化电网运营管理，提高能源利用效率，提升电网的智能化水平。此外，案例公司 F 还十分重视提升客户服务体验，通过建设电力电子商务平台、推广移动支付等措施，为用户提供更高效、便捷的电力服务，致力于成为国内领先、世界一流的现代电力企业。

案例公司 F 深入贯彻数字化发展战略，通过不断提升技术创新能力和服务水平，全力推进"数字大生态"建设，克服了诸多困难，取得了显著成效。为进一步推进企业数字化转型和"数字大生态"建设，该公司不断总结提炼企业当前数字化转型的应用实践，全面诊断分析数字化转型项目管理的外延与内涵，目的是聚焦项目实践与管理创新，开展系统性研究，总结经验与方法，形成研究成果，全面提升数字化转型项目管理水平。

案例公司 F 专门成立了数字化转型研究课题组，采取访谈、问卷调查等多元化的数据收集方法，系统总结和提炼其中的成功要点和经验，确保研究的全面性和深入性。在该课题组所开展的内容丰富、具有深度的调研中，公司各级部门、直属机构及各分公司的领导与专责分享了他们在数字化转型项目中的项目管理经验，针对现有的策略和流程提出了宝贵的改进建议。这些来自实践的案例经验和思考为行业企业提供了启示，有助于行业企业更准确地识别当前在数字化转型项目管理中面临的挑战和机遇。通过与业内领先的专家和实践者的深度交流，该课题组得以更全面地了解项目管理的前沿趋势和技术，为数字化转型项目管理的创新与实践注入新的动力和活力。

2. 电力行业数字化转型的历史与技术演变

电力行业的数字化转型是一个长期、渐进的过程。这一过程的历史背景和技术演变反映了行业对新兴技术的响应和适应，以及对社会经济需求变化的反馈。

电力行业的数字化转型，最早可追溯到 20 世纪初的自动化技术。最初，这些技术主要用于基础的控制和监测，如自动断路器和遥控系统。随着技术的发展和电力需求的增加，自动化技术应用开始向电网的各个方面扩展。例如，自动化负荷调度系统的引入，使得电网能够更高效地管理电力分配和需求响应。

20 世纪后半叶，随着计算机技术的发展，电力行业开始引入计算机系统优化运营。例如，电力系统的模拟和优化算法开始被计算机程序取代，大大提高了运营效率。软件在电网管理中的角色逐渐增强，从基本的数据记录和处理到复杂的网络分析和预测模型，软件逐渐成为电网运营的核心工具。

21 世纪初，随着物联网的兴起，电网开始集成更多的智能设备和传感器。这些技术使得电网可以实时监控和自动调整，大幅提升了其灵活性和可靠性。智能电网技术的引入是电网数字化转型一个重要的里程碑节点。智能电网不仅包括更高级的自动化和控制，还集成了能源效率管理、新能源接入和高级数据分析。

随着大量数据的产生和收集能力的提高，电力行业开始利用大数据技术提高决策的精准度。数据分析帮助电网运营商预测电力需求、优化资源分配和提升服务质量。近年来，人工智能技术，如机器学习和深度学习，开始在电网管理中发挥作用。这些技术使得电网能够自动学习和适应不断变化的环境，提高效率和可靠性。

（1）电力行业数字化转型产生的深远影响

电力行业的数字化转型对电网的运营和管理产生了深远的影响，主要体现在以下4个方面：

1）运营效率的提升。通过自动化和智能化，电网的运营效率显著提升。自动化系统减少了人为错误和操作成本，智能电网技术使得电网能够更有效地响应需求变化。

2）能源安全和可靠性的增强。智能电网技术的应用增强了电网对故障和异常情况的响应能力。同时，通过预测性维护和实时监控，电网的可靠性和安全性得到了显著提升。

3）可持续发展的促进。数字化转型支持电力行业向可持续的方向发展。通过优化能源使用和支持新能源的接入，电网对环境的影响大大降低。

4）客户体验的改善。数字化转型使得电力企业能够提供更加个性化和更加高效的客户服务。客户可以通过数字平台实时监控自己的能源使用，享受更便捷的服务。

电力行业的数字化转型也是一个复杂的过程，涉及技术的演进和应用、运营模式的变革及与外部环境的互动。从早期的自动化系统到今天的智能电网技术，每一步技术革新都在塑造着电网的未来，为社会经济的发展提供支撑。

（2）电力行业数字化转型面临的挑战

电力行业的数字化转型是一个充满挑战和机遇的过程。这一转型不仅关系到技术的升级和应用，还涉及组织结构、企业文化的变革，以及对安全和合规性问题的处理。电力行业在数字化转型过程中面临的挑战主要有

以下 4 个方面:

1)在技术方面,基础设施老旧、升级困难。当前,许多老旧的基础设施与新技术难以兼容,升级既耗时又昂贵。此外,还存在技术集成的复杂性问题。集成先进的数字技术,如 IoT 设备、大数据解决方案和人工智能算法,需要较高的专业知识和技术能力水平。

2)文化和组织变革困难。员工可能会对新技术和工作方式的改变感到不安,这在传统行业中尤为常见。数字化转型还涉及组织结构的调整,而由于数字化转型工作的特殊性,有时需要重构组织架构,创建新的部门或团队,有时可能会引起内部混乱和效率低下。

3)数据安全问题。数字化转型涉及大量数据的安全问题,如日益增长的网络安全威胁。随着数字技术对电网的建设和运行的影响越来越大,被网络攻击的概率也随之增大。数据安全还涉及数据隐私问题,在处理大量消费者数据时必须严格遵守数据保护法律法规,面临着合规性挑战。

4)专业技能人才短缺。在数字化转型过程中,技能缺口和人才短缺是企业急需解决的问题之一。随着新技术的引入,只有人员技术能力得到提升,才能满足数字化环境的需求。如何吸引、招聘和留住具有数字技术专长的人才,是数字化转型过程中面临的一大挑战。

(3)电力行业数字化转型带来的机遇

数字化转型所带来的机遇也是显而易见的,主要体现在以下 3 个方面:

1)数字化转型有助于提升企业运营效率,包括流程自动化和资源优化分配。通过自动化流程,数字技术可以显著提高操作效率和精确度。智能数据分析有助于电网更有效地管理和分配资源,如电力负载平衡和需求响应管理。

2)数字化转型能够带来客户体验的增强,如更佳的服务和透明度及互动性等。数字化转型可以促进企业提供更加优质的服务，提高客户满意度。消费者也可以通过数字平台实时了解和更好管理他们的能源消费，增强与企业的互动。

3）数字化转型将促进企业业务模式的创新，如新的收入机会、推动创新文化、进入新市场及提升服务质量和覆盖范围等。数字化转型开辟了新的业务机会，如能源数据分析服务。数字化转型鼓励创新和实验，为企业带来长期增长和竞争优势。利用数字技术，可以开拓新的市场和服务领域。通过更高效的管理，在更广泛的地区提供更高质量的服务。

虽然技术、文化、组织和安全方面的障碍不容小觑，但通过智能化和自动化的手段可以显著提高其运营效率，提升客户体验，并在可持续发展方面取得重大进步。要想充分抓住这些机遇，必须明确战略目标，投入必要资源，在整个组织中打造创新和适应变化的文化。

（4）政策法规对电力行业数字化转型的促进作用

在探讨电力行业数字化转型的过程中，政策法规对其发展具有显著影响。政府的支持和立法框架不但提供了转型的方向指导，而且确保了转型过程的安全和效率。

1）政府对新能源的支持。政府通过提供财政补贴、税收优惠等激励措施，极大地促进了新能源的发展。这些政策激励企业投资于数字化技术，如智能电网，以有效整合风能、太阳能等可再生资源。这不仅提高了能源效率，也推动了环境可持续发展目标的实现。

2）数字基础设施的建设，尤其是政府在宽带互联网、5G网络、区块链和云服务方面的投资，为电网企业的数字化转型提供了关键的技术支撑。这些基础设施的升级使得数据的收集、处理和分析更加高效，从而提高了电网的运营效率和响应能力。

3）随着电网企业对数字技术的依赖度越来越高，数据安全和隐私保护变得尤为重要。我国政府制定并颁发的数据保护法律和网络安全规定，如《中华人民共和国网络安全法》《中华人民共和国数据安全法》《中华人民共和国个人信息保护法》等，要求电网公司采取严格的数据管理和保护措施，以保障消费者的个人信息安全。这些法律法规的实施推动了电网企业在安全技术上的投资和升级。法律法规和政策在数字化转型中起决定性作用，不仅为数字化转型提供了方向和支持，而且确保了转型过程的安全性和可持续性。

4）标准化和互操作性规范在电网数字化转型中扮演着关键角色。政府和行业组织制定的标准保证了不同供应商的设备和系统的交互对接，这对于构建一个高效可靠的电网系统至关重要。此外，对新兴技术如物联网设备的标准化监管，确保了它们的安全性和有效性。

3. 研究方法

为确保研究的全面性和深入性，首要任务是广泛收集国内外的相关文献，这些文献涉及数字化转型项目的创新管理、战略管理、价值认知及实际应用中的项目管理实践。通过深入的文献研究，可以对数字化转型的现状有一个清晰的了解，通过对比分析现有实践与研究成果，发现潜在的研究空白和机会。

实证研究主要是对一些具有代表性的数字化转型项目进行详细调研，不仅包括项目基本信息的收集，更重要的是深入了解这些项目中遇到的问题、挑战和积累的成功经验。通过对这些问题的深入分析，提出针对性的解决建议。此外，实证研究成果将为后续的实践应用提供宝贵的参考和指导。

在进行了充分的文献分析和实证研究后，应进一步探讨和研究相关的理论模型，以更好地理解和解释数字化转型的各个方面。同时，邀请相关专家进行深入的论证和讨论。基于研究结论，形成完整和系统的数字化转型项目管理框架，为数字化转型的项目管理提供理论支撑。

基于数字化转型项目管理的实证研究，收集并研判数字化转型中的数字化战略管理和转型价值的相关文献资料，以及数字化转型项目管理和敏捷管理的项目信息，结合项目访谈和问卷调查，参考案例公司 F 各级单位的数字化转型体系文件，采用绩效比较研究方法，深入开展数字化转型项目应用和实践研究。具体的方式和步骤如下：

1）标杆对比。将国内外同行的案例实践作为标杆进行对比研究，并分析差异与问题。

2）知识体系应用对比研究。案例公司 F 将国际先进的项目管理知识体系进行对比分析，研究数字化转型项目管理知识体系应用的系统性和完整性。

3）对数字化管理的应用研究。结合国际数据管理的知识体系标准，以及国家部委和行业协会发布的数字化管理的标准、规范，深入展开应用研究。

4. 研究发现

（1）数字化转型的整体目标

基本原则是案例公司 F 强调数字化转型发展，侧重于云平台、数据中台、技术中台、物联网平台等数字平台的基础建设，重点是提升基础设施的全场景、高性能承载能力。采用统筹协同的方法，以"技术+业务"双牵头作用，强调统一技术路线和数据标准。强调实用实效，以需求为导向，解决数字化在电网生产和管理中的难点。保障网络安全，强化全场景网络安全防护体系。

其重点任务和工作涵盖深化企业中台战略、夯实数字设施基础、数字赋能、技能基本功提升、电网融合发展等多个领域；特别强调数据中台、业务中台、技术中台的深化，智慧物联体系的建设，以及云基础设施和新型互联网络的强化；着重于信息系统的优化、人工智能和场景规模化应用的推进。

（2）数字化转型项目的总体架构设计

更新业务架构，强调与总部（案例公司所属集团总部，下同）业务架构的协同和本地化调整。案例公司 F 在更新业务架构时，重点考虑自身与总部业务架构的整合和协调。这意味着他们在与总部策略保持一致性的同时，也对业务架构进行了本地化调整，以适应地方特定的业务需求和运营环境。这种做法既确保了下属公司与总部战略的一致性，又允许对地方特有的业务环境和需求进行灵活应对。通过这种方式，案例公司 F 能够有效结合中央指导精神和地方实际，形成更加有效和高效的业务架构。

制定演进路线，避免与统推系统演进路线的冲突。在制定数字化转型的演进路线时，案例公司 F 特别注意避免与总部制定的统一推进系统演进路线发生冲突，在技术选择、系统实施和业务流程改造等方面与总部保持一致。该策略有助于确保整个集团在数字化转型方面的协调一致，避免资源浪费和重复努力。同时，这也意味着案例公司 F 需要在遵循总体方向的同时，灵活地调整和优化自己的演进路线，以符合本地条件和需求。

进行架构管控，确保需求的合规性和合理性。架构管控是确保数字化转型符合案例公司 F 规定和业务需求的重要环节。案例公司 F 在这个过程中十分注重评估和审查数字化需求的合规性和合理性，对支持业务活动的系统功能进行了详细分析，以确保它们符合业务需求并且没有功能上的重复。通过这种方式，案例公司 F 能够更加有效地利用资源，确保数字化转型项目能够真正满足其长远需求，并带来实际的业务效益。

（3）项目治理

依托总部，以及案例公司 F 两级电科院、经研院、项目管理中心等组织及建设研发支撑单位，形成两级协同的建管模式。

数字化部负责项目过程管控，实施单位支撑建设过程管控。数字化部在项目管理中扮演核心角色，负责项目的整体规划、协调和监督。该部门负责确保项目与案例公司 F 的整体数字化战略一致，同时监控项目进度，确保项目按时按质完成。实施单位专注于技术实现和过程管控，提供技术支持和专业知识。

综上所述，案例公司 F 的数字化建设项目管理方案展示了一种多层级、跨部门协作的组织结构，以及清晰的责任划分和过程管控。这种结构不仅有利于确保项目的顺利进行和高效实施，还有助于实现公司整体的数字化战略和目标。通过这种集中策略制定和分散执行的模式，案例公司 F 能够在保持战略一致性的同时，充分考虑和适应各种地方条件和需求。

（4）人才支撑

案例公司 F 在其数字化转型过程中非常重视数字化人才的培育和评价，采用了"2211"数字化人才培育评价体系（构建数字化知识和课程"2"大图谱，完善数字化培训和评价"2"大机制，打造"1"支数字化人才队伍，构建"1"个数字化人才生态），并致力于构建"333"数字化人才队伍（选拔 30 名数字化专家型人才，培养 300 名数字化专业型骨干人才，培育 3000 名数字化应用型骨干人才）。设计该体系的目的是全面提升员工在数字化转型中的技能和知识水平，同时确保培训和评价过程的有效性和适应性。培育工作重点是数字技术的深度学习和实际应用，以及将这些技术与企业的具体业务需求相结合的能力培养。这包括对云计算、大数据分析、人工智能、物联网等数字技术的深入理解，以及这些技术在电力系统运营、维护和优化中的应用。针对人才培育采用的评价机制注重实际能力的展现和技能的应用效果，而不仅仅是理论知识的掌握。评价标准包括技能的实际运用效果、创新能力、项目实施效率等。

"2211"数字化人才培育评价体系构建了适应案例公司F实际需求的数字化知识和课程图谱，优化了培训和评价机制。针对不同岗位和层级的课程图谱，确保了培训内容的针对性和实用性。知识体系覆盖从基础技能到高级应用的全方位知识，可适应不同员工的学习需求和能力水平。采用线上和线下相结合的方式，包括实验室实训、在线课程、研讨会和项目实践等，通过实际案例和项目驱动的学习方式，增强培训的实际应用价值。

"333"数字化人才队伍的重点是选拔数字化专家型人才，这一分层培养策略意在构建一个多层次、全方位的数字化人才库，以支持不同层面和领域的数字化需求。专家型人才聚焦于高级技术研发和创新，专业型骨干负责专业领域内的技术应用和优化，应用型骨干则专注于技术的日常运用和维护。这种分层次的培养策略有助于构建一个全面、均衡的人才结构，满足案例公司F在不同阶段和方面的人才需求。

案例公司F的"2211"数字化人才培育评价体系和"333"数字化人才队伍代表一种系统化、层级化的人才发展策略。通过精心设计的课程图谱和实用的评价机制，该公司致力于培养一支能够适应数字化转型需求的专业人才队伍，为其长远发展和持续创新提供坚实的人才支持。

目前，案例公司F正将其数字化人才培育评价体系进一步升级为"3311"体系（拓增知识、课程、能力"3"大图谱，融新培养、评价、遴选"3"大机制，沉淀数字化人才"1"个矩阵，升级产学研转用"1"个生态），推动人才培育工作在数量、质量、生态三方面实现质的提升。

（5）利益相关方的角色和职责

强调数据作为新的重要生产要素，推进数据中台三年行动计划，目的是在接下来的三年内建立一个强大、高效的数据中台，并将其作为公司所有数字化转型项目的核心。数据中台的目标是集中化管理和处理公司的关键数据资产，确保数据的一致性、安全性和可访问性。通过数据中台，案例公司 F 可以更有效地利用其数据资源，以驱动业务决策、提高运营效率和支持新服务的开发。

构建数据主人制工作机制，实现数据治理的制度化和规范化。数据主人制是一种确保数据质量和有效管理的机制，由指定的个人或团队负责特定数据集的维护和管理。通过这种机制，该公司可以确保数据的准确性、完整性和及时性，同时减少数据错误和冗余。数据主人负责监控和管理数据，确保符合公司的数据政策和标准，并监控数据的使用情况和性能。

管理体系围绕电网生产、客户服务和经营管理等重要数据构建。管理体系重点关注电网生产、客户服务和经营管理等领域的关键数据。在电网生产方面，主要涉及设备性能数据、能源消耗和分配数据等。在客户服务方面，重点是客户互动数据、服务质量指标和客户反馈。在经营管理方面，重点是财务数据、运营效率指标和市场分析数据。通过对这些关键数据领域的专注，案例公司 F 能够确保其数字化努力集中于最能影响其业务和客户满意度的领域。

综合来看，案例公司 F 在其数字化转型项目中实施的数据主人制工作机制是一种创新的数据管理方法，旨在实现数据治理的制度化和规范化。这一体系集中关注电网生产、客户服务和经营管理等关键数据领域，有助于提高数据管理的效率和有效性，为公司的数字化转型提供坚实的数据支撑。

（6）数字化转型项目管理过程裁剪

案例公司F在数字化转型项目中，为确保项目的高效管理和成功实施，依据《数字化转型项目建设管理指导手册》（以下简称"手册"）对项目管理过程进行了裁剪，为数字化转型项目管理过程裁剪提供了参考和指导。

案例公司F数字化转型项目管理经裁剪后的过程为：项目策划、项目设计、项目实施、项目监控、项目结束。

1）项目策划。在项目策划阶段，定义项目目标、确定项目范围、制定时间表和预算等关键步骤，确保项目从一开始就具有清晰的方向和可实现的目标。

2）项目设计。在项目设计阶段，创建项目架构、选择合适的技术解决方案和编制项目实施计划。

3）项目实施。按计划执行项目工作，包括资源配置、团队协作和进度管理等方面。

4）项目监控。收集项目信息，并与计划进行对比分析，监控项目进展、质量、风险和与利益相关方的沟通等，并针对偏差提出纠偏措施。

5）项目结束。完成项目所有工作，关闭采购合同，开展项目评估和总结，建立并分享组织过程资产，确保数字化转型项目管理的可持续发展。

除了上述项目管理过程的裁剪，案例公司F还十分重视数字化转型项目管理先进工具方法（如智慧决策、智能监控、自动分析等）的选择和应用，为自动化项目监控和报告流程、实时追踪项目状态、快速识别和解决问题、提高项目管理的效率和效果提供保障。

（7）评价和改进

在数字化转型项目管理过程中，通过构建"再数字化评价体系"，采用综合性和多维度的再数字化评价方法，有效收集和度量项目实施数据，以发现数字化转型项目管理中的优势、问题和不足，从而为数字化转型项目管理的持续改进奠定基础。

"再数字化评价体系"的内容包括资源体系、数据体系、能力体系、价值体系、治理体系等维度。

1）资源体系。评估项目在资源配置和利用方面的效率和效果，包括人力、资金、技术等资源的管理和优化。

2）数据体系。评价数据的收集、管理和利用效率，以及数据质量和数据安全性。关注数据如何支持业务决策和操作的改进。

3）能力体系。评估组织和个人在数字化技术和工具应用方面的能力，包括员工的技能提升、团队的协作能力和创新能力等。

4）价值体系。专注于项目产生的商业价值和客户价值，涵盖收益增长、成本节约、客户满意度提升等方面。

5）治理体系。评估项目的管理和监督效果，包括项目治理结构、风险管理、合规性和持续改进机制。

除了上述维度，"再数字化评价体系"还通过开展再数字化的评价，提供数据管理支撑，如数据赋能、数据价值、数据效益。

1）数据赋能。评估项目在提升数据驱动决策能力方面的效果，通过数据分析和洞察支持业务创新和优化。

2）数据价值。关注数据在项目中创造的具体价值，包括提高效率、降低成本和增强竞争力等方面。

3）数据效益。评估项目在实际运营中通过数据带来的效益，如业务流程改进、客户体验提升和收入增长等。

综合来看，案例公司F的"再数字化评价体系"是一个全面而深入的评估工具，旨在确保数字化转型项目在各个阶段都能达成目标，同时最大限度提升价值和效益。"再数字化评价体系"不仅考虑了项目的直接结果，还关注了项目过程中的资源使用、能力建设和治理结构，从而为数字化转型项目管理提供了导向。

第二节　数字化转型项目管理创新

数字化转型项目管理创新的重要性，在于它能够帮助企业更有效地响应市场和技术的快速变化，优化业务流程、提升服务质量，最终实现业务模式的创新和价值创造。创新的项目管理方法不仅涵盖项目的规划、执行、监控和收尾等全过程，还包括对项目团队组织结构、合作模式、工作方法等方面的革新，使得项目管理更加灵活、高效，更能适应数字化时代的要求。

案例公司 F 在数字化转型项目管理上的创新实践主要体现在以下 8 个方面：

1）数字化转型项目总体构建与顶层设计。

2）数字化转型项目收益规划。

3）数字化转型项目的规划引领。

4）数字化转型项目的保障和支撑。

5）数字化转型项目监管与整合。

6）数字化转型项目价值转移与关闭。

7）数字化转型项目转型的价值评价。

8）数字化转型项目收益合并与维持。

通过以上 8 个方面的创新实践，案例公司 F 为数字化转型项目管理提供了价值贡献。

一、数字化转型项目总体构建与顶层设计

数字化转型项目的总体构建与顶层设计对于确保项目成功和实现既定的数字化转型目标至关重要。这一阶段不仅涉及对项目目标、范围和预期成果的明确，还包括对项目的关键技术选型、架构设计及与企业战略目标的对齐。一个精心设计的顶层规划能够为整个数字化转型提供清晰的方向和框架，确保所有下游活动和项目实施都能够有效支持组织的长期战略和业务目标。此外，通过顶层设计，能够更早地识别潜在的风险和挑战、提前规划解决方案，从而大大提高项目的成功率。

在这方面，案例公司 F 展现了其独特的心得和先进的实践。通过对数字化转型项目总体构建和顶层设计的深入理解和应用，该公司不仅成功地将新兴技术融入运营管理，还确保了这些技术解决方案与公司的核心业务战略紧密对接。案例公司 F 在进行数字化转型项目规划时，注重从顶层出发，明确项目的长期愿景和目标，同时细化到具体的实施策略和行动计划。这种方法不仅优化了资源配置，提高了项目实施的效率和效果，也为该公司带来了可持续的竞争优势。案例公司 F 的实践表明，高质量的数字化转型项目总体构建与顶层设计是数字化转型成功的关键，也是企业在激烈的市场竞争中脱颖而出的重要基石。

在"十四五"规划期间，案例公司 F 秉承着对创新和发展的不懈追求，制定了建设新型电力系统、服务"双碳"目标的宏伟战略。这一战略

的实施不仅要求该公司在技术和管理上进行革新，更需要各业务部门根据战略目标调整业务职能，确保与总体发展方向保持一致。2023 年，案例公司 F 积极响应这一需求，结合成本数字化需求评审的过程，积极推动各业务部门进行深度的业务职能和流程梳理，明确了系统应用架构的当前状态，并规划了应用整合的目标及系统演进的路线图。通过绘制详尽的业务与应用蓝图，案例公司 F 为后续的数字化转型项目奠定了坚实的框架基础。

案例公司 F 在数字化转型工作中进行了具有前瞻性和系统性的探索，通过制定整体架构和顶层设计，确保所有后续的数字化转型项目都能够按照既定的蓝图和总体架构推进，从而有效支持该公司战略目标的实现。这种统筹规划和整合资源的方式，不仅优化了业务流程，提高了运营效率，还加强了各部门之间的协同工作，为该公司在新时代背景下的可持续发展提供了强有力的支撑。此外，这也为其他企业推进数字化转型提供了宝贵的参考，即在大规模的技术革新和业务重塑之前，构建全面的顶层设计和架构规划是实现转型的关键。其中的关键工作如下。

（1）更新业务架构

以案例公司 F 本部 2022 年业务架构梳理成果为指导，结合该公司各专业的管理情况，对案例公司 F 本部梳理的业务职能和业务流程进行增/删改，并将其作为之前版本的补充，形成符合该公司业务实际的业务架构，并以此作为数字化项目建设的依据。

（2）制定演进路线

在案例公司 F 制定的统推系统演进路线的基础上，分析该公司自建系统的功能，明确各专业系统的演进方向，避免与统推路线发生冲突。

（3）开展架构管控

收集所需的相关系统功能与业务流程的对应关系，并细化到支撑的业务活动。明确系统功能状态，根据系统功能的运行态、建设态、规划态校验需求的合规性（是否为新建系统、是否新建一级和二级功能、前期系统是否已上线等），核对需求相关功能支撑的业务流程，判断该功能是否为重复建设、验证功能是否必要。根据需求相关功能对应的具体业务活动、执行岗位、使用系统及数据，比较系统建设前后业务或系统的提升情况，判断需求的合理性和迫切性，推动需求分析结构化、标签化。

（4）建立业务架构蓝图和应用架构蓝图

案例公司 F 的业务架构蓝图发布内容包括办公室、人资、发展、财务、安监、设备、营销、建设、物资、调度、交易、审计、法规 13 个专业全域业务职能。

如图 3-1 所示，案例公司 F 数字化转型财务专业业务架构蓝图中的财务部分有十二大模块，分别是：预算管理、会计管理、资金管理、营销管理、电力交易、资本运营、工程资产、金融共性业务、产融管理、税务管理、稽核风控和综合管理，每个模块都会对相应的业务功能做出明确定义。

应用架构蓝图按专业分为人资、发展、财务、安监、设备、营销、建设、物资、调度、交易和综合 11 个分册，发布内容包括各专业应用架构总览、应用架构演进路线、各专业分系统应用架构图、各系统功能清单，为应用架构发展提供确切的指引。

案例公司 F 的数字化转型项目通过全面的顶层设计和架构规划，创新地整合了新兴技术与业务战略，确保了技术解决方案与公司核心业务的紧密对接，从而有效优化了资源配置并显著提升了运营效率，从顶层架构指导数字化转型，能够更好地指导数字化转型项目落地。

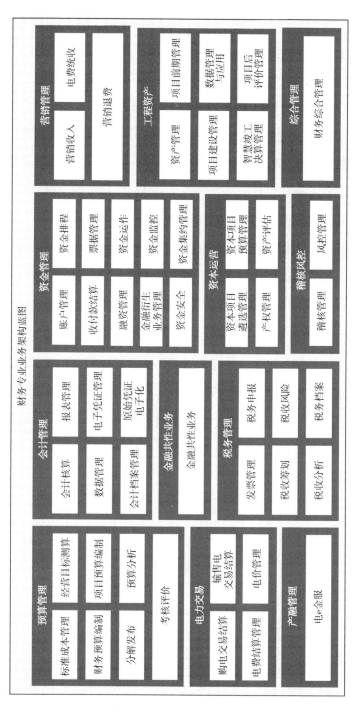

图3-1　案例公司F数字化转型财务专业业务架构蓝图

二、数字化转型项目收益规划

数字化转型项目收益规划对于确保项目成功和实现预期目标具有至关重要的作用。这一过程涉及对数字化转型带来的潜在收益进行详细的识别、量化和规划，旨在明确项目投资的价值回报，为决策提供坚实的数据支撑。通过有效的收益规划，组织能够在项目初期就对预期成果有一个清晰的认识，包括成本节约、效率提升、市场份额扩大、客户满意度提高等方面。这不仅有助于优化资源分配，确保资源被投入最具价值的领域，还能够增强项目团队的目标导向性，提高执行效率。

更重要的是，数字化转型项目收益规划有助于建立项目评估框架，使得项目进展的每一个阶段都可以根据预定的收益目标进行监控和调整。在遇到挑战或偏离预期路径时，收益规划提供的参考框架可以帮助项目团队快速做出反应，采取必要的措施纠正偏差，确保项目最终能够达到或超越预期目标。此外，明确的收益预期也是沟通和管理利益相关方期望的重要工具，有助于提升项目的透明度和信任度，促进内外部利益相关方的积极参与和支持。

总之，数字化转型项目收益规划是连接项目执行与组织战略目标的桥梁，通过提前规划和持续监控，确保每一步行动都紧密围绕实现最大化收益的目标展开。这是推动数字化转型成功的关键环节之一。

这里以案例公司 F 的收益规划实践帮助读者理解这部分工作。首先从流程上理解案例公司 F 的数字化转型项目管理整体流程。如图 3-2 所示，此流程总体分为 4 个阶段 12 个步骤，4 个阶段分别是储备立项阶段、招标采购阶段、建设实施阶段、上线试运行和验收阶段。

图 3-2 案例公司 F 数字化转型项目管理的 4 个阶段 12 个步骤

其中，储备立项阶段中的需求统筹指在公司层面总体统筹把控来自各方的需求，形成需求池。在众多的需求中根据各需求的收益进行项目的优先级排序、选择、决策和批复，按照项目特性进行后续的采购和实施阶段。

在整个统筹过程中，统领数字化工作的数字化部按年度重点工作需要制定年度数字化重点项目储备指南，明确案例公司 F 本部及下属各单位的储备重点内容及储备负面清单，指导项目储备。案例公司 F 本部及下属各单位结合储备指南上报业务需求，由数字化部进行全量需求归集。由案例公司 F 本部牵头，由下属各单位业务专家组成团队，集中开展公司级跨专业需求统筹，形成统筹结果，报审核部门审核后反馈至各单位。各单位根据需求统筹反馈意见，针对未通过需求修改细化后申请复核，数字化部组织专家团队复核统筹后形成最终统筹结果，经部门审核后下发反馈各单位，作为立项基础依据。

编制过程是需求规划的研究过程，依据需求统筹结果，按照案例公司 F 本部的《数字化转型项目可行性研究工作管理办法》，由数字化部牵头组织公司本部及下属单位专家团队，按照项目分级分类管控的思路，开展案例公司 F 本部的咨询设计、开发实施、业务运营、数据工程及产品购置等类别项目可行性研究报告技术部分编制工作，从项目建设的必要性、可行性、经济性、预期成效等方面进行论证。

大多数大型企业，特别是国有大型企业，都设置有专门的研究单位完成项目的可行性研究工作，这本身并不是创新点。案例公司 F 在其数字化转型项目管理工作的可行性研究论证阶段所采取的创新措施，体现了该公司对提高数字化转型项目成功率和效率的重视。

（1）强化可行性研究内容论证

案例公司 F 通过加深对业务需求的理解和分析，提升了可行性研究的深度和质量。这一创新做法保证了项目规划阶段对业务需求的精准捕捉和解析，为项目的顺利执行奠定了坚实的基础。通过深入挖掘业务需求，可行性研究过程更加贴近实际，有效避免了项目实施过程中对需求理解不足导致的返工和调整。

（2）加强项目成效评估反馈

将历史项目验收情况和应用成效纳入可行性研究分析的做法，体现了案例公司 F 从以往项目中学习和积累经验的意识。这种基于历史数据和成效反馈的评估方法，提升了项目可行性研究的准确性和实用性，确保了项目设计阶段就能充分考虑到实际应用中可能遇到的问题和挑战，从而提高项目成功率。

（3）费用测算阶段的监管数据纳入

在费用测算阶段，案例公司 F 将各系统建设过程中的监管数据纳入影响因子的综合评估，这不仅提升了评审的质效，也增加了费用预算的准确性和透明度。通过对实时监管数据的分析，能够更准确地预测项目成本，为项目决策提供有力的数据支撑，从而有效控制项目成本，提升资源使用效率。

（4）提前开展专家预审和强化专家评审队伍的质量评价机制

案例公司 F 实施的提前开展专家预审和强化专家评审队伍的质量评价机制，确保了项目可行性研究阶段的批复准确无误。通过专家的交叉互审和多轮把关，增强了项目可行性研究论证的严谨性和权威性，有效避免了因方案设计不合理或预算估算不准确等问题导致的项目风险。

三、数字化转型项目的规划引领

数字化转型项目的规划引领对于确保项目成功及实现预期目标具有至关重要的作用。这是因为数字化转型不仅仅是技术的更迭，更是企业战略、运营模式、组织文化等多方面深刻变革的体现。

数字化转型项目的规划引领确保了项目与企业的整体战略目标保持一致。在数字化转型的过程中，每一个项目都应该贴合企业的长远规划和市场定位，支持企业的核心竞争力。通过高层次的规划引领，可以避免资源浪费和战略偏离，确保企业向着既定的目标稳步前进。

良好的规划引领能够帮助企业提前识别在数字化转型过程中可能遇到的风险和挑战，同时发现新的机遇。这包括技术选择的风险、市场变化的不确定性、组织文化的适应性等方面。通过预先规划，企业能够制定应对策略，减少不确定性带来的影响。

数字化转型项目的规划引领有助于合理分配企业资源，包括财务、人力、技术等资源的有效配置。通过明确项目的优先级和阶段目标，企业可以确保有限的资源被用在最关键、回报最大的项目上，提高资源使用效率。

数字化转型往往需要跨部门、跨领域的协作。有效的项目规划能够明确各部门的职责和协作流程，促进内部沟通，减少部门间的摩擦和信息壁垒，提升项目执行的协同效率。

在数字化转型过程中，公司可采取的两种主要方法是自上而下（Top-Down）和自下而上（Bottom-Up）。这两种方法在执行机制、影响力范围、参与人员及创新的来源等方面各有特点，正确理解和应用这两种方法对于成功推进数字化转型至关重要。

（1）自上而下的方法

自上而下的方法由公司的高层领导发起和推动，其特点在于决策的中心化和统一指挥。这种方法通常是基于公司的长远战略规划，由高层领导制定数字化转型的总体目标、方向和计划，并将这些决策贯彻到公司的各个层级和部门。

这种方法能够确保数字化转型的方向与公司的整体战略紧密对接，有利于实现大规模和根本性的变革。由于决策和推动来源于公司顶层，能够快速集中资源，统一行动，减少执行过程中的阻力和犹豫，提高转型的效率。

该方法的缺点也显而易见，实施过程中可能会忽视基层员工的实际需求和创新意见，导致员工参与度不高，甚至出现抵触情绪。由于决策过于集中，项目实施过程中可能会缺乏灵活性和适应性。

（2）自下而上的方法

自下而上的方法是从公司的基层员工或中层管理开始的，侧重于从实际操作和业务需求出发，充分调动一线员工的积极性和创造力，逐步推动转型的实施。

这种方法能够更好地发掘和利用基层员工的实际经验和创新点子，由于是基于实际工作中的需求和问题进行的，所以转型方案更贴近实际，容易得到基层员工的认同和支持。同时，这种方法有利于培养公司内部的创新文化和氛围，增强公司的整体创新能力和适应市场变化的能力。但由于缺乏统一的指挥和协调，可能导致转型方向分散，难以形成合力，对于需要全公司统一行动的大规模变革可能效果有限。此外，自下而上的方法可能会在资源配置和决策效率上遇到挑战，需要更多的协调和整合工作。

在实际应用中，这两种方法可以相互补充和结合使用。在某些情况下，公司可以采取自上而下的方法确立数字化转型的总体方向和策略，同时采取自下而上的方法鼓励基层创新，调动员工参与转型项目的积极性，使得转型过程既有明确的目标和方向，又有灵活性和创新性。

案例公司 F 在其电网数字化建设中，成功地将自上而下和自下而上两种方法相结合，构建了一个既高效又灵活的数字化转型管理体系。

1）自上而下的策略实施。案例公司 F 通过成立公司网络安全和数字化领导小组，实现了对电网数字化建设的统一领导和管理。该小组负责贯彻落实国家的网络安全和数字化方针政策，研究审议公司的数字化发展战略、规划及重大项目建设方案，体现了自上而下的管理策略。这种方法确保了该公司在数字化转型过程中有明确的方向和目标，能够高效地制定和执行公司级别的决策，保证了其数字化战略的统一性和协调性。

2）自下而上的参与和执行。案例公司 F 鼓励各专业管理部门、各分部和下属单位在网络安全和数字化领导小组的指导下，积极参与数字化转型项目的实施和管理。这些部门和下属单位负责梳理和制定本专业业务应用的需求及建设目标，组织业务应用系统的数据收集整理，以及推进本单位电网数字化建设。这一过程体现了自下而上的方法，通过充分调动一线员工和基层管理部门的积极性，确保了数字化转型项目能够更贴近实际需求，提高了项目实施的效率和效果。

3）整合与协作的平衡。通过这种自上而下与自下而上相结合的方式，案例公司 F 不仅确保了数字化转型项目能够紧密对接公司战略目标，也保证了项目实施过程中能够充分考虑基层的实际情况和需求。此外，该公司通过加强各专业管理部门与互联网职能管理部门之间的协同合作，为跨部门业务应用建设提供了有力的技术支持和管理保障，进一步增强了数字化建设工作的整合性和协调性。

案例公司 F 的这一管理模式为其他企业开展数字化转型提供了宝贵的参考，展示了如何在确保公司数字化战略统一性的同时，充分利用基层的创新能力和实际操作经验，通过高效的组织协作和资源整合，推动数字化转型深入发展。

四、数字化转型项目保障和支撑

数字化转型项目的保障和支撑对于确保项目成功执行至关重要，原因是多方面且相互关联的。

（1）技术复杂性与变革深度

数字化转型项目往往涉及新技术的应用和业务流程的重构，这不仅带来了技术上的挑战，还可能触及组织结构和文化的深层次变革。有效的保障和支撑机制能够提供必要的技术支持、知识共享和资源配置，帮助项目团队克服技术难题，顺利实施变革。

（2）确保项目对齐与一致性

数字化转型项目需要与企业的整体战略目标紧密对齐。通过从战略层面提供保障和支撑，可以确保项目不仅仅是技术上的尝试，更是真正推动企业战略实现的手段。这包括确保项目的方向、目标与企业的长远规划一致，避免资源浪费和战略偏离。

（3）促进跨部门协作

数字化转型常常需要跨部门、跨团队的合作。有效的支撑体系能够促进信息流通、知识共享和协作，打破部门间的壁垒，建立整合的工作机制。这对于确保项目的顺利进行和最终的成功实施至关重要。

（4）风险管理

数字化转型项目面临种种风险，包括技术风险、市场风险、人员风险等。通过建立有效的项目支撑和保障体系，可以对这些风险进行及时识别、评估和应对，降低风险对项目的影响，保障项目平稳推进。

（5）持续改进与创新

在数字化转型项目实施过程中，持续不断的学习、改进和创新是必不可少的。支撑体系提供的培训、咨询和反馈机制能够帮助团队吸收最新的技术和管理知识，实现项目的持续优化和升级。

（6）促进用户接受和参与

用户的接受度和参与度直接影响数字化转型项目的成败。保障和支撑机制应包括用户培训、沟通计划和反馈收集等措施，确保用户能够顺利过渡到新系统，提高用户的满意度和参与度。

总之，数字化转型项目的保障和支持是项目成功的关键，它不仅确保了技术和资源的有效应用，还促进了组织内部与外部的协调一致，加强了风险管理，激发了持续创新，最终推动了数字化转型的成功实现。

案例公司 F 在数字化转型项目管理的保障和支持方面，从创新的角度出发，实施了多项创新措施。这些措施不仅加强了项目的执行力，也提高了转型的效率和效果。

1）统一领导小组与跨部门协同。成立了网络安全和数字化领导小组，实行跨部门、跨层级的统一领导和管理。这种跨部门协同的工作机制，打破了传统的部门壁垒，确保了数字化转型工作的高效协调和执行，通过整合资源和力量为数字化转型项目提供了强大的组织保障。

2）深度业务需求分析与定制化技术解决方案。案例公司 F 本部各专业管理部门与数字化部紧密合作，在深度分析业务需求的基础上开发了定制化技术解决方案。这种基于实际业务需求定制化的技术方案开发，体现了项目管理在满足具体业务需求方面的灵活性和创新性，极大提高了数字化转型的实用性和效率。

3）实施效果的实时监控与反馈。案例公司 F 创新性地实行了项目功能实现、应用效果、数据质量的实时监控和量化评价，以及反馈机制。这不仅增加了项目管理的透明度，还提高了项目调整和优化的及时性，确保了数字化转型的动态调整和持续优化。

4）强化专家预审和评审质量。案例公司 F 创新性地提前开展专家预审，针对批复意见进行交叉互审和多轮把关，强化了专家队伍的评审质量和评价。这种预审和互审机制的引入，不仅提高了项目可行性研究的质量，还保证了项目方案的科学性和可靠性。

5）数据驱动的项目管理。在费用测算和项目决策中，案例公司 F 创新性地引入了数据驱动的管理理念。通过分析和利用监管数据，进行影响因子的综合评估，提升了项目管理决策的科学性和精准性，提高了评审和决策的质效。

案例公司 F 的创新措施在数字化转型过程中显著提升了其项目管理能力，不仅使公司的运营效率达到了新高，也显著提升了其在激烈市场竞争中的地位。这些措施通过精确的顶层设计和技术整合，确保了项目与企业战略的完美对接，为公司创造了可持续的竞争优势。此外，案例公司 F 的成功经验为其他企业的数字化转型提供了宝贵的实践参考，特别是在如何通过结构化规划提高项目执行效率和效果方面。

五、数字化转型项目监管与整合

在数字化转型项目管理中，数字化转型项目监管与整合是数字化转型管理过程中的两个关键方面，考虑数字化转型项目监管与整合至关重要，因为这关系到项目能否高效执行并最终实现预期目标。

数字化转型项目监管涉及对项目进度、质量、成本和风险等关键指标的持续跟踪和评估，以确保项目按计划执行并实现既定目标。监管的目的在于及时发现项目执行过程中的问题和偏差，采取措施进行纠正或优化，减少项目风险，提高项目成功率。整个监管是一个动态的过程，需要根据项目实际情况调整监控指标和方法。同时，监管涉及多方面的内容，包括但不限于进度跟踪、成本控制、质量保证和风险管理，监管的成功依赖准确的数据收集、有效的沟通机制和及时的决策制定。

数字化转型项目整合涉及将项目的各个部分和环节协调一致，形成一个统一的整体。这包括整合项目内部的任务和活动，以及与企业其他项目和战略目标的整合。项目整合确保了项目各个部分之间的协同工作，优化了资源分配，提高了执行效率，确保了项目成果与企业战略目标的一致性。项目整合要求项目管理者具有全局视角，能够理解项目在企业战略中的定位和作用。整合不仅包括内部任务和活动的协调，还包括与外部环境的适应和整合，如市场需求、技术发展等。整合还需要有效的沟通和协作机制，确保项目团队、利益相关方及合作伙伴之间的信息流通和行动一致。

在数字化转型项目管理中，监管与整合是相辅相成的。监管提供了项目执行的实时反馈和控制机制，整合则确保了项目各环节的协调性和一致性，共同支撑项目的顺利进行。有效的监管能够为整合提供决策支撑，而良好的整合又能够减轻监管的负担，提高监管的效率。因此，在管理数字化转型项目时，应同时重视监管和整合，通过它们的相互作用推动项目成功实施。

在数字化转型项目管理中，监管工作和整合工作是非常重要的，能够帮助企业实现以下目标。

（1）保证项目目标与企业战略的一致性

数字化转型是企业战略的重要组成部分，监管与整合确保所有数字化转型项目与企业的长期战略目标保持一致。通过有效的监管和整合，可以避免项目偏离预定目标和战略，确保资源的合理配置和使用，提升项目的战略价值。

（2）提高资源使用效率

数字化转型涉及跨部门、跨领域的资源整合，包括资金、人力、技术等。监管与整合可以促进资源的优化配置，避免资源浪费，确保有限资源在最需要的地方得到有效利用，提高整体项目执行的效率。

（3）管理项目风险

数字化转型项目面临诸多风险，包括技术风险、市场风险、运营风险等。通过监管与整合，可以更好地识别、评估和应对这些风险，采取有效措施降低风险影响，保证项目顺利进行。

（4）促进跨部门协作和沟通

数字化转型通常需要多个部门的协同工作。监管与整合有助于打破部门壁垒，促进跨部门的沟通和协作，建立更加流畅的工作机制和沟通渠道，提高团队的协同效率。

（5）监控进展并及时调整

项目监管与整合允许管理者实时监控项目进度和性能，对遇到的问题及时进行调整和优化。这种动态管理和灵活调整的能力对于应对快速变化的市场和技术环境至关重要。

（6）支持持续改进

通过项目的监管与整合，企业可以收集有关项目执行的反馈和数据，为后续项目的改进和优化提供依据。这种持续的学习和改进过程是企业持续创新和提升竞争力的基础。

综上所述，数字化转型项目监管与整合不仅是项目管理的核心要素，还是确保数字化转型成功的关键。通过进行有效的监管与整合，企业能够更好地应对数字化转型过程中遇到的挑战，实现转型目标，提升企业的竞争力和市场地位。

在案例公司F的实践中，有一些创新手段能够在监管和整合方面为同行业带来启示。在国有企业项目的监管中也会遇到各种问题，不管是低成熟度项目管理的企业，还是高成熟度项目管理的企业，均无例外。例如：

1）在项目建设前期，由于业务快速发展，管理上未进行充分的论证和确定，业务需求尚未清晰时就启动项目建设，导致建设过程中需求变更频繁、部分项目推进困难，甚至出现超长工期。超长工期则导致项目上线时已过业务时效，而验收成果无实质用途，或导致项目执行与原有需求严重偏离，项目需完成"原有需求"和"实际应用"双份成果应付验收，或无法验收成为"烂尾"项目。

2）在项目建设过程中，业务部门主导业务系统建设全过程，建设管理团队介入不足，存在业务"抢跑""偷跑"现象。如果项目涉及采购、供应商的参与，甚至部分业务部门直接指挥承建厂商，主导技术方案和功能开发，部分承建厂商层层转包、研发能力不足，建管团队难以实施有效的管控措施，战略指引、项目管理架构先行等情况执行不到位，建设质量就难以保障。

3）项目建设多关注功能实现，易忽视性能、用户体验等非功能设计，用户在项目建设过程中的参与度不足，且缺乏有效的用户培训和及时的需求响应，缺少敏捷的轻量迭代开发管控模式。

案例公司 F 在考虑应对此种情况时，其项目监管的实践可供参考。

1. 强化项目前期精准性

（1）提升需求分析质量

案例公司 F 在项目前期有编制需求报告、可行性研究报告的要求，要求"需求分析报告达到可行性研究深度、可行性研究报告达到初设深度"。业务部门根据公司数字化规划和业务发展实际需要编制业务需求分析报告，并由部门负责人确认。建设管理部门团队将责任前移到项目前期的需求分析工作中，主动参与业务需求编制过程，并提出具备可操作性的专业意见。同时，数字化部组织信息通信研发部门，依据公司架构蓝图，按照业务需求分析报告细化应用、数据、技术、安全设计，编制形成数字化建设需求报告，并委托项目研究单位统一组织数字化转型项目可行性研究报告编制。

（2）完善评审确认机制

案例公司 F 要求由数字化部统一组织开展业务需求及可行性研究评审工作，建立并执行审核人的确认负责机制。由业务部门负责业务需求报告审核确认，由技术部门负责建设需求报告审核确认（数字化部牵头，项目建设单位具体负责），以及可行性研究报告审核确认（数字化部牵头，研究单位编制，项目建设单位评审，评审单位负责技术经济评审）。同时，将基层意见纳入需求评审环节，充分考虑基层一线减负和使用体验需求。

（3）工作开展步骤

以上工作从规划到实施通过以下 4 个步骤实现：

步骤 1：编制前期流程和作业指导手册

内容涵盖：明确项目前期业务部门、建设单位、承建单位界面职责和机制流程，确保所有参与方的角色、职责和工作流程都有清晰的指导和记录。

步骤 2：制定可行性研究评审工作方案

方案要素：量化专家评审规则和评分标准，明确项目储备等级划分标准。这一步骤旨在通过科学、量化的方法提高评审工作的公正性和准确性。

步骤 3：推广应用相关流程和标准

试点项目：在试点的双牵头模式项目中推广应用相关流程、机制和工作标准，确保这些新制定的流程和标准能够在实际项目管理中得到有效应用，并起到检验作用。

步骤 4：进行运行成效评价和优化

成效评价：在年末组织开展运行成效评价，基于评价结果完成相关优化工作，不断改进和完善项目前期流程和作业指导手册。

通过上述步骤，项目前期流程、机制和工作标准变得相对成熟，显著提升了前期立项需求质量。前期立项需求的精准度达到 100%，意味着所有的立项需求都能够准确匹配项目的实际需求和目标，极大地提高了项目的成功率和效率。

2. 实现建设管控标准化

（1）加强项目启动准备

在项目团队组建与人员管理方面，在项目前期根据项目建设内容明确指定负责的产品经理和项目经理，项目经理随后组织承建厂商快速组建项目交付团队。同时，严格要求项目核心人员具备相应的能力，并督促人员及时到岗，以保证项目团队的专业性和响应速度。

在项目规划与沟通机制方面，通过谋划启动项目建设，并严格按照数字化转型项目可行性研究制订里程碑计划，确保项目的明确目标和可执行性。在项目启动阶段明确各方职责，并建立有效的沟通和问题反馈机制，以促进项目信息的透明流通和问题的及时解决。快速推进项目基础资源和平台准备工作，确保所有必要的支持和设施到位，支持项目计划的顺利执行。

在安全与保密管理方面，加强安全保密管理，严格执行网络安全和保密管理规定，确保项目团队成员充分理解和遵守安全管理要求。组织项目组成员进行安全管理要求宣贯，并签订安全保密承诺书，提高团队成员的安全意识。严禁在外网存储和传输内部资料，采取有效措施杜绝信息泄密事件，保护项目和企业的敏感信息。

这一系列措施体现了项目建设管理团队对于项目成功的全面考虑，从团队组建、项目规划和执行到安全保密管理，每一环节都进行了严格的规划和控制。这不仅保证了项目按计划推进，也确保了项目的安全性和保密性，为项目的成功奠定了坚实的基础。

（2）严控研发实施质量

在需求明确性和设计评审方面，通过细化每个功能点的业务规则、数据要素和程序逻辑，确保开发工作符合业务实际需求。在业务符合性、架构遵从度、用户体验及安全防护等方面进行设计评审，确保设计的合理性和可行性。

在项目进度、质量和安全控制方面，严控研发进度，确保项目按时完成，同时保证开发质量，避免后期重工和返工。在项目的设计和实施过程中加强安全防护措施，确保项目和数据的安全性。

在业务需求变更管理方面，建立明确的业务需求变更流程，对需求变更进行分级分类审批，确保变更的合理性和必要性。重大需求变更需要业务部门负责人确认，并由技术部门结合建设现状进行可行性研究变更评审和论证，确保变更决策的正确性。

在质量和用户体验提升方面，通过业务部门和建管中心联合组成的质量和体验管控小组，从功能、性能、用户体验、安全等方面进行测试和验证。重视高品质的产品和服务，通过持续的质量和体验改进，提高用户满意度和项目成功率。

案例公司F的这一系列措施表明，项目管理不仅需要关注项目的进度和技术实现，还需要深入考虑项目的业务对应性、用户体验和安全防护等方面，通过严格的需求管理、设计评审、质量控制和需求变更管理，确保项目能够满足业务需求，同时提供高品质的用户体验，最终实现用户满意度的提升。

（3）强化上线验收保障

为了确保数字化转型项目从建设到运营的顺畅过渡，案例公司F采取了以下措施：

1）建立"建转运启动会"机制。为了确保各方面能共同推进项目从建设到运营的转变，特别建立了"建转运启动会"这一机制。该会议涵盖试运行问题的处理、用户体验的提升、运维知识的移交和调度监控的纳管等关键工作，确保项目顺利过渡到运营阶段。

2）提升验收规范性。通过建立专家抽选和评审绩效机制，提高了验收过程的规范性和公正性。严格按照数字化转型项目建管规范，全面检查项目立项、采购、建设、验收的全过程资料是否符合规范要求。确保各类标准、管理文件、过程控制文件等档案资料齐全，材料完整、有效、合规，保障验收质量。

通过"建转运启动会"机制，确保项目能够平滑过渡到运营阶段，同时解决试运行中出现的问题，提升用户体验。通过提升验收的规范性，强化资料核查和档案完整性，确保项目的质量和合规性，减少后期运维的隐患和风险。

（4）工作开展步骤

步骤1：制度与流程建设

制定细则以规范需求分析、设计预审及变更管理过程，确保过程管控的规范性。明确安全质量巡查的频次、方式和标准，确保研发过程中的安全和质量。制定测试标准和报告要求，保证软件测试的全面性和有效性。明确"建转运启动会"的岗位职责、人员组成和职责分工，以促进项目的顺利启动和实施。细化验收检查点、内容和标准，确保项目上线的质量和合规性。

步骤2：实施与优化

在试点项目中应用所建立的标准化流程、机制和工作标准，并验证其有效性。每年年末对标准化流程的运行成效进行评价，并根据评价结果完成相关优化工作，以进一步提高管理效率和项目质量。

步骤3：成效显现

通过持续的推广应用和优化，建设管控的标准化流程、机制和工作标准变得更加成熟。设计团队与研发团队之间的高效协同带来可行性研究、概设质量的提升，显著减少了进度延期数量。通过严格的质量控制和标准化流程，一次验收通过率得到显著提高，安全合规风险得到有效规避。

步骤4：持续改进

研发内容与可行性研究、概设高度一致，基本解决了进度延期的问题，一次验收通过率达到90%以上，持续保持"安全零事件"。

通过以上这些步骤，案例公司F项目管理的标准化程度和研发效率得到了显著提升，确保了项目的质量和安全，为实现项目管理的高效率和高质量奠定了坚实的基础。

六、数字化转型项目价值转移与关闭

数字化转型项目价值转移与关闭是项目管理生命周期的重要阶段，其关键在于确保项目成果能够顺利过渡到日常运营，实现长期价值，并正式结束项目。这个过程不仅涉及技术的移交，更包括知识、经验的分享，以及确保项目目标与企业战略目标的一致性。理解这一阶段的重要性，可以帮助组织更有效地利用资源，提升项目投资的回报率。

项目完成并不意味着项目价值的自动实现。通过有序的价值转移与关闭流程，可以确保项目的成果被有效地融入企业的日常运营和管理，实现项目价值的持续增长。通过系统地转移项目成果和知识，企业可以最大限度地利用项目成果，提高投资回报率。同时，这也有助于避免未来在相似项目上重复投资。项目的有效关闭释放了项目团队人力资源和其他资源，使其可以被重新分配到其他项目或日常业务中，提高资源的利用效率。项目关闭阶段的彻底评估有助于识别和解决遗留问题，确保项目符合法律法规和企业政策要求，降低潜在风险。系统总结项目经验和教训，可以为未来的项目管理提供宝贵的知识资源，促进组织学习和成长。

在实施价值转移与关闭的过程中有很多关键活动：

1）成果审核与验收。确保所有项目成果达到预定的质量标准，并获得利益相关方的认可。

2）知识转移与培训。向运营团队转移必要的项目知识和技能，确保他们能够有效管理和使用项目成果。

3）文档归档与交接。将项目文档、代码、配置等资料进行归档，并正式交接给运营和维护团队。

4）项目评估与总结。进行项目绩效评估，总结项目成功的因素和遇到的挑战，提炼经验教训。

5）正式关闭项目。完成所有项目关闭手续，包括合同结算、财务审计和正式宣布项目结束。

案例公司 F 在数字化转型项目的价值转移与项目关闭方面有独特的实践和创新点，主要如下。

（1）引入第三方测试

委托具备相应资质的第三方机构进行包括功能与非功能测试、源代码测试、安全测试在内的全面测试。项目经理跟进第三方测试过程，确保及时掌握测试缺陷并督促整改，提高测试的独立性和客观性。明确第三方测试的重要性和第三方测试报告的规范要求，确保项目符合软件工程规范，重大变动须履行设计变更程序，保证项目质量和安全。

（2）加强上线阶段的规范化管理

项目承建单位在提交第三方测试报告后，项目经理负责提报上线计划，并通过案例公司 F 本部物资部审核，规范上线前的准备工作。细化生产准备工作，包括核查资料的完整性和有效性、技术支持确认等。同时，组织账号权限的清理工作，确保系统安全。项目经理协助承建单位进行上线试运行的申请、管理和验收，包括确保运维部门的统一管理和提供技术支持，以及完成试运行验收工作。

（3）建立有效的组织机制

明确"建转运启动会"的岗位职责和职责分工，为项目提供组织保障。设立质量和体验管控小组，从功能、性能、用户体验、安全等方面进行测试和验证，强化项目质量管理，提升用户满意度。

综上所述，案例公司 F 在价值转移与项目关闭过程中，通过引入第三方测试、加强上线阶段的规范化管理及建立有效的组织机制等措施，实现对项目全生命周期的精细化、标准化管理。这些创新点不仅提高了项目的质量和安全性，还保证了项目成果能够顺利转移到日常运营中，实现价值最大化。

七、数字化转型项目转型价值评价

价值评价是数字化转型项目转型的一个关键环节，涵盖对项目实施成果影响的全面分析和评估，旨在确保投资带来的改变能够真正为企业带来预期的价值和收益。这一过程不仅帮助企业明确数字化转型的效益，还为未来的项目决策和资源分配提供了重要依据。

随着技术的快速进步，评价项目价值能帮助企业及时调整和更新其技术和应用，以保持竞争力。市场环境和客户需求的快速变化要求企业能够灵活调整其数字化战略，而价值评价提供了必要的信息支持。资源有限性要求企业必须明智地选择投资方向和项目，通过价值评价确保资源被有效利用。数字化转型项目通常伴随较高风险，价值评价有助于企业识别和管理这些风险。

有效的价值评价在实施整个数字化转型项目工作中能够起到以下作用：

1）明确项目成果。价值评价能够帮助企业清晰地预见项目实施后的具体成果，包括提高了哪些业务流程的效率、增强了哪些客户体验、带来了哪些新的业务机会等。

2）衡量投资回报。通过对项目成本和项目收益的评估，企业可以计算数字化转型项目的投资回报率（ROI），这对于评估项目的经济效益至关重要。

3）指导未来决策。价值评价提供的数据和分析结果可以作为企业未来制定数字化战略、规划新项目和资源配置的重要参考。

4）发现潜在问题和风险。在评价过程中，企业会发现项目实施中的问题和风险，为后续的风险管理和优化提供线索。

5）促进持续改进。通过系统的价值评价，企业可以识别项目管理和实施过程中的优点和不足，为持续改进和优化提供依据。

由此可以看出，数字化转型项目转型的价值评价是企业实现数字化战略、提升运营效率、增强市场竞争力的重要工具。它不仅能够帮助企业系统理解项目的成效，还能为企业的长期发展提供战略性的指导和支持。

案例公司 F 面对数字化转型项目效益评价的难题，采取了创新性的解决方案——建立了"再数字化评价体系"。该评价体系旨在全面评估数字化转型项目的价值和效益，不但着眼于项目的最终结果，而且深入项目的每个实施阶段，确保项目能够充分发挥数字化技术的潜力，并持续进行自我修正和完善。

"再数字化评价体系"不仅关注项目的最终结果,还深入项目的各个阶段,评估项目在实施过程中是否真正达到了数字化的要求,是否真正发挥了数字化技术的潜力。"再数字化评价体系"的核心内容主要包括以下几方面。

(1)再数字化评价特征指标

通过一系列特征指标评价数字化转型项目,这些指标覆盖资源体系、数据体系、能力体系、价值体系、治理体系等多个维度。

(2)专业评价场景指标

基于通用特征指标,进一步细化为专业评价场景指标,包括数据资产化、数据价值化、新技术规模化、业务线上化、业务智能化、发展规范化等,为评估数据赋能和价值提供具体的支撑。

(3)指标库的设计

为每个指标设计详细的属性,包括评价维度、特征描述、指标名称等,确保评价的全面性和科学性。

案例公司F"再数字化评价体系"有诸多创新点,具体如下。

(1)全面评价

通过对项目各个阶段的评估,确保数字化转型的全面性和深入性,不仅关注最终结果,还注重过程和持续改进。

(2)细化指标

建立了包含细化指标的评价体系,这些指标的针对性强,能够准确反映项目在不同阶段的表现和价值,为项目管理提供明确的量化标准。

(3)指导未来项目

该评价体系不仅适用于已完成的项目,还为未来的项目提供了宝贵的经验和指导,有助于提升后续项目的质量和效益。

（4）价值导向

特别强调项目带来的价值，通过专门的评价维度和指标衡量项目产出的价值，确保数字化转型工作能够为企业带来实际效益。

通过建立和实施"再数字化评价体系"，案例公司 F 在数字化转型项目管理方面取得了显著的进步，不仅提高了项目的成功率和效益，为持续的数字化进程提供了坚实的基础和明确的指导，还为国有企业数字化转型的价值评价树立了实践范式。

八、数字化转型项目收益合并与维持

数字化转型项目的收益合并与维持指在项目完成后，如何有效地将项目成果整合入企业的日常运营和长期战略，并确保这些成果能够持续产生价值。这一过程涉及对项目成果的持续管理、优化和更新，以保持其与企业目标的一致性，同时需要对相关人员进行培训和提供支持，确保他们能够有效利用这些新的工具和流程。

收益合并在数字化转型中占据着重要的位置。企业通过将项目成果有效地融入企业的核心业务流程，确保数字化转型投资产生持续回报，最大限度提升投资价值。持续优化和更新数字化转型项目成果，可以帮助企业不断提升其业务流程的效率和效果，增强市场竞争力。同时，数字化转型不仅是技术上的改变，也是企业文化和思维方式的转变。收益合并与维持有助于推动这种文化变革，促进组织适应新的工作方式。

收益的维持更是企业数字化转型的重要目标。随着技术的不断进步，原有的数字化转型项目成果可能会迅速过时。维持成果需要定期评估和更新技术，以适应最新的技术趋势。市场环境和客户需求的变化会影响数字化转型成果的有效性。通过持续监控和适时调整，企业能够使其数字化策略与市场需求保持一致。新技术和流程可能引入新的风险，维持成果的过程中需要对这些风险进行识别、评估和管理，以确保企业安全与合规。

案例公司 F 在数字化转型实践中采取了一系列有效的实施策略，以确保数字化转型项目的长期价值和持续发展。具体如下。

（1）绩效监控与评估

案例公司 F 建立了一套全面的绩效监控和评估机制，包括使用先进的数据分析工具和技术，定期对数字化转型项目的成果进行监控，不仅关注项目完成阶段的成果，还重视项目实施过程中的各个环节，确保每一步都能达到既定的业务目标和效益预期。此外，还依据评估结果进行项目调整，以持续优化项目性能和提高产出。

（2）持续培训与支持

案例公司 F 深知员工是数字化转型成功的关键，因此，投入了大量资源进行员工培训和支持。通过定期的培训课程和工作坊，员工能够不断提升自己对新系统和新工具的理解和应用能力。此外，还设立了专门的技术支持团队，在员工使用新技术遇到问题时为他们提供及时的帮助和解决方案。

（3）技术更新与优化

随着技术的快速发展，案例公司 F 始终保持对最新技术趋势的关注，并根据技术进步和业务需求的变化定期更新和优化其数字化系统和工具。通过建立与技术供应商的紧密合作关系，确保能够及时获得技术更新和支持，从而保证其数字化基础设施始终保持先进性和竞争力。

（4）文化和组织适应性

案例公司 F 认识到，数字化转型不仅是技术的革新，还是组织文化和结构的变革。因此，该公司致力于推动文化和组织适应性的变革，通过一系列措施（如组织结构调整、激励机制改革和领导力发展计划）支持和促进数字化转型的成功，并鼓励开放和创新的文化，促进跨部门合作，激发员工的创新精神和参与热情。

案例公司 F 的数字化转型项目管理体现了一系列创新措施，这些措施通过结构化和系统化的方法显著提升了项目的执行效率和成果。每一个创新点都针对转型过程的不同阶段，确保项目顺利进行并实现其战略目标。

1）数字化转型项目总体构建与顶层设计。通过精心的顶层设计，案例公司 F 确立了清晰的项目愿景和框架，为整个转型提供了战略指导和方向。

2）数字化转型项目收益规划。案例公司 F 在数字化转型项目管理可行性研究论证阶段的创新做法，不仅提升了可行性研究的质量和准确性，还为项目的顺利实施和成效提升提供了有力保障。

3）数字化转型项目的规划引领。案例公司 F 的创新措施在数字化转型过程中显著提升了其项目管理能力，不仅使企业的运营效率达到了新高，也显著增强了其市场地位。

4）数字化转型项目的保障和支撑。通过建立强大的资源保障和支持，公司确保了项目在执行过程中的稳定性和快速响应问题的能力。

5）数字化转型项目监管与整合。公司实施了严格的项目监管体系，确保所有子项目和活动都能有效整合，符合总体项目目标。

6）数字化转型项目价值转移与关闭。案例公司 F 在数字化转型项目价值转移与关闭过程中，通过引入第三方测试、加强上线阶段的规范化管理和建立有效的组织机制等措施，实现了对项目全生命周期的精细化、标准化管理。

7）数字化转型项目转型的价值评价。通过专门的评价维度和指标衡量项目产出的价值，确保数字化转型工作能够为企业带来实际效益。

8）数字化转型项目收益合并与维持。通过持续的效益跟踪和优化措施，公司不仅合并了项目的短期收益，也致力于维持和增长这些收益，确保长期的业务成功。

以上这8个创新点展示了案例公司F在数字化转型过程中全面和深入的战略规划，不仅提高了项目成功的概率，也为公司带来了持续的商业价值和竞争优势。

第三节 数据管理能力成熟度评估

案例公司F于2021年获得了DCMM的4级（量化管理级）评估认证，这标志着该公司在数字化转型过程中的管理和实施方面达到了高度成熟和系统化的水平。这一认证不仅证明了公司在数字化实践中较高的专业性和较好的成效，也为其带来了多方面的价值和优势，促进了后续数字化转型工作的深入发展。

数据管理能力成熟度评估是一个全面检视企业在数字化转型旅程中位置的过程，它不仅评估企业实现数字化目标的能力，还审视企业应对快速变化的市场和技术环境的敏捷性。通过这种评估，企业可以清晰地了解自己在数字化转型过程中的优势和不足，识别哪些领域已经取得了进展、哪些领域仍需要进一步努力和改进。更重要的是，数据管理能力成熟度评估为企业提供了一种机制，企业能够通过这种机制定期审视和调整其数字化战略。随着外部环境的变化和企业内部能力的提升，数字化转型的阶段性目标和策略可能需要进行调整。数据管理能力成熟度评估确保企业能够快速响应这些变化，及时更新其数字化转型的路线图，确保其策略始终与企业的长期目标和市场需求保持一致。

此外，数据管理能力成熟度评估还强调了持续改进的重要性。通过定期的数据管理能力成熟度评估，企业可以持续优化迭代，识别新的机会和挑战，并据此调整其策略和行动计划。

尽管企业可能已经在数字化转型项目管理中实现了一定程度的创新与实践，但是要真正确保这些努力持续创造价值和发挥作用，数据管理能力成熟度评估是不可或缺的。它不仅有助于验证和强化已经取得的成果，更为企业提供了一个持续优化和适应变化的框架，是确保数字化转型成功的关键。

一、数字化成熟度模型

在当前的数字化转型浪潮中，全球范围内存在多种帮助企业评估其数字化工作情况的成熟度模型，但这些模型往往是基于西方企业的管理实践和市场环境构建的。为了更贴合我国企业的特定背景和需求，工业和信息化部牵头指导、全国信息技术标准化技术委员会（以下简称"信标委"）大数据标准工作组组织制定并正式发布了 DCMM。DCMM 不仅考虑了我国企业的管理文化和业务环境，还针对数据管理这一数字化转型的核心要素进行了深入的剖析和定义，提供了一套系统化、全面化的评估框架。

DCMM 关注企业在数据管理领域的能力成熟度，涵盖数据治理、数据质量、数据保护、数据应用等多个维度，帮助企业建立和完善数据管理体系，提升数据管理的效率和质量。通过对标这一模型，企业不仅能系统评估和提升自身在数据管理方面的能力，还能促进企业整体数字化水平的提升，进而更好地适应和引领数字经济时代的发展。

此外，DCMM 的应用还有助于我国企业识别数据管理过程中的关键问题和挑战，通过改进管理实践、优化技术方案，实现数据资产的最大化利用，为企业创造更大的价值。总之，DCMM 作为一种符合我国企业现状的评估工具，为我国企业的数字化转型提供了实用的指导和参考，是帮助企业实现数据驱动发展的重要支撑。

二、DCMM 介绍

DCMM 是我国在数据管理领域首个正式发布的国家标准，旨在帮助企业利用先进的数据管理理念和方法，建立和评价自身数据管理能力，持续完善数据管理组织、程序和制度，充分发挥数据在促进企业向信息化、数字化、智能化发展方面的价值。

DCMM 对组织的数据管理能力进行了分析、总结，提炼出组织数据管理的 8 个核心能力域（数据战略、数据治理、数据架构、数据标准、数据质量、数据安全、数据应用、数据生命周期），并对每项能力进行了二级能力项和发展等级的划分及相关功能介绍和评定指标的制定，描述了每个组成部分的定义、功能、目标和标准。DCMM 适用于信息系统的建设单位、应用单位等进行数据管理时的规划、设计和评估，也可以作为对信息系统建设状况进行指导、监督和检查的依据。

DCMM 按照管理范围、管理能力划分为 5 个成熟度等级，各等级的概要描述见表 3-1。

表 3-1　DCMM 的数据管理能力成熟度等级划分

等级	名称	描述
1	初始级	数据需求的管理主要在项目级中体现，没有统一的管理流程，主要是被动式管理
2	受管理级	组织已意识到数据是资产，根据管理策略的要求制定了管理流程，指定了相关人员进行初步管理
3	稳健级	数据已被当作实现组织绩效目标的重要资产，在组织层面制定了一系列标准化管理流程，促进数据管理的规范化
4	量化管理级	数据被认为是获取竞争优势的重要资源，数据管理的效率能被量化分析和监控
5	优化级	数据被认为是组织生存和发展的基础，相关管理流程能实时优化，能在行业内进行最佳实践分享

如图 3-3 所示，DCMM 数据管理能力成熟度评估模型定义了数据战略、数据治理、数据架构、数据标准、数据质量、数据安全、数据应用和数据生命周期 8 个核心能力域，每个能力域包括若干数据管理领域的过程，共 28 个能力项。

图 3-3　DCMM 数据管理能力成熟度评估模型

（1）数据战略

数据战略是组织中开展数据工作的目标指引，定义组织数据工作的方向、愿景和原则。包括战略规划、数据战略实施、数据战略评估3个能力项。

（2）数据治理

数据治理是数据管理框架的核心职能，是对数据资产管理行使权利和控制的活动集合，数据治理涉及数据管理的组织、标准规范、流程、架构等多个方面。数据管理的其他关键过程域都有交互，数据治理是在高层次上制定、执行数据管理的制度。包括数据治理组织、数据制度建设、数据治理沟通3个能力项。

（3）数据架构

数据架构是用于定义数据需求、指导对数据资产的整合和控制、使数据投资与业务战略相匹配的一套整体构件规范。包括数据模型、数据分布、数据集成与共享和元数据管理4个能力项。

（4）数据应用

数据应用是通过对组织数据进行统一的管理、加工和应用，对内支持业务运营、流程优化、营销推广、风险管理、渠道整合等活动，对外支持数据开放共享、数据服务等活动，从而提升数据在组织运营管理过程中的支撑辅助作用，同时实现数据价值的变现。包括数据分析、数据开放共享、数据服务3个能力项。

（5）数据安全

数据安全指组织中的数据受到保护，没有受到破坏、更改、泄露和非法的访问。包括数据安全策略、数据安全管理、数据安全审计3个能力项。

（6）数据质量

数据质量指数据的适用性，描述数据对业务和管理的满足度。数据质量主要指数据的准确性、及时性、完整性、唯一性、一致性、有效性 6 个方面。包括数据质量需求、数据质量检查、数据质量分析、数据质量提升 4 个能力项。

（7）数据标准

数据标准是组织数据中的基准数据，为组织各个信息系统中的数据提供规范化、标准化的依据，是组织数据集成、共享的基础，是组织数据的重要组成部分。包括业务术语、参考数据和主数据、数据元、指标数据 4 个能力项。

（8）数据生命周期

数据生命周期指数据从需求、设计和开发、运维到退役的整个过程，对数据进行贯穿其整个生命周期的管理需要相应的策略和技术实现手段。数据生命周期管理的目的在于帮助组织在数据生命周期的各个阶段以最低的成本获得最大的价值。包括数据需求、数据设计和开发、数据运维、数据退役 4 个能力项。

三、DCMM 评估方法

申请 DCMM 评估的组织均需向中国电子信息行业联合会授权的评估机构提出申请，只有在评估机构审批申请通过后才能进行评估流程。通常，评估流程分为 5 个阶段，分别是：评估策划、资料收集与解读、正式评估、评估报告编制、专家评审。

（1）评估策划

评估策划是评估流程中的首个活动，其策划的完整性与合理性是高质量和高效率评估的基础。评估策划包括定义评估目标与范围，并在评估之前和评估期间与利益相关方进行沟通，以确保他们参与其中。评估策划给予评估组织明确的评估活动和人员安排，以便其提前准备和协调相关资源，确保评估顺利开展。评估策划主要包括以下活动：任命评估主要人员、收集评估组织基本材料、确定评估目标、确定评估范围、明确评估安排及利益相关方、确认初步的评估计划。

（2）资料收集与解读

完成评估规划后，评估组织按照资料收集单开始收集资料，评估机构针对评估组织所提交的相关资料进行解读和整理。完成资料解读后，评估组织应根据评估机构反馈中发现的问题重新进行资料收集和整理。在正式评估前，评估组织需要把相应的证据准备充分并提供给评估机构。资料收集与解读主要包括以下活动：资料收集、资料解读。

（3）正式评估

评估机构与评估组织负责人确定正式评估的时间后，评估机构依照计划开展正式评估活动。正式评估活动主要包括：正式评估首次会议、客观证据复查、人员访谈、初步发现报告会、成熟度定级、正式评估末次会议、编写评估推荐性意见表。

（4）评估报告编制

现场评估结束后，评估机构开展评估报告的编制工作。评估报告的主要目的是全面、如实地反映评估结果，为评估组织提供数据管理能力提升的改进建议。评估报告编制主要包括以下活动：报告编制、DCMM 报告发布。

（5）专家评审

评估报告报送中国电子信息行业联合会，由中国电子信息行业联合会组织专家进行合规性审查，其中 1~3 级进行现场评审，4~5 级进行现场评审和答辩。评审通过后进行公示，公示期满后颁发数据管理能力成熟度证书。专家评审主要包括以下活动：报告提交、专家评审、信息公示、证书颁发等。

四、电力企业数据管理能力 8 个核心能力域现状

电力企业数字化转型是以云计算、大数据、物联网、人工智能等新一代数字技术为核心驱动力，以数据为关键生产要素，以现代电力能源网络与新一代信息通信网络为基础，通过数字技术与能源企业业务、管理深度融合，不断提高数字化、网络化、智能化水平而形成的新型能源生态系统。

经过一段时期的发展和积累，电力行业大型企业均已建成企业级信息系统，基本实现业务覆盖、层级覆盖，持续推动业务由线下向线上、粗放向精益、壁垒向协同转变，信息系统由分散向集中、业务由云下向云上、数据由孤岛向开放共享转变，为电力行业的数据发展奠定了坚实基础。

在数据管理能力上，电力企业聚焦数据管控、数据架构、数据标准、数据质量、数据安全、数据应用、数据生命周期等领域，构筑了包含全域数据管理、数据共享、数据服务、数据安全等能力的数据管理体系，推动数据资源化、资产化、资本化。电力企业普遍建立了企业级数据治理组织和制度，体系化开展数据文化建设和人才队伍培养。同时，电力企业积极引入数据中台、数据湖、人工智能等现代技术，以提升数据质量为抓手，推动数据定源认责和全生命周期治理，实现数据资产目录全覆盖，数据分析应用广泛赋能各业务领域。

1. 数据战略

在数字化转型战略的指导下，电力企业积极发挥数据生产要素的核心

价值，推动规划任务落地、项目计划实施，实现单一、分散的信息化项目建设向体系化、系统化、全局化的数字化转型升级，以实现更加深入、更高水平的发展，不断提升企业竞争力。

其中，供电企业发布企业级数据发展战略纲要，制定了数据资产管理专项规划，全面升级大数据战略，以数据要素化、资产化为核心，加快数据流通和价值释放，通过建立战略目标制定、年度任务落实、评估迭代优化等战略规划管理制度和流程，实现战略落地的跟踪管控。发电企业发布数字化转型战略，制定了企业网络安全和数字化"十四五"总体规划，依托平台建设加强数字化转型评价与贯标工作线上管理、数据沉淀和知识积累，动态支撑集团省、区域、场站多级管理和全流程工作，加强数据呈现和工具开发，更有效地赋能集团和下属机构推进评价改进工作。

2. 数据治理

面对海量的电力业务数据，电力企业从组织架构、团队建设、数据责任等方面着力构建完整的数据治理组织体系，聚焦重点业务质量治理需求，制定完善数据治理相关制度，建立组织级沟通机制，营造了良好的企业数据文化，提升跨专业及专业内部的数据管理能力，为数据治理的沟通和实施提供依据。

其中，供电企业依托"横向覆盖各专业、纵向贯通各层级"的组织管理架构，发布了一系列覆盖各数据职能域的管理办法和细则，形成了组织体系化、制度规范化、沟通多元化的数据治理体系，打造了行业领先的数据定源认责机制，搭建了多种类型的数据治理沟通平台，保障数据管理工作的高效强力推进。发电企业构建了企业级数据治理体系框架，编制并发布相应的管理制度与技术规范，形成了以"集团数据资产管理办法"为核心的制度规范配套体系，构建覆盖管理、业务、技术等条线的多层次联邦式数据治理组织，建立由数据专家、技术专家和业务数据专责等人员构成的复合型数据治理团队，指导数据治理活动的开展。

3. 数据架构

为强化数据资产的有效管理，电力企业注重构建企业统一数据模型，形成支撑各业务分析应用的统一数据出口。同时，基于业务范围、资产类型等特点开展体系化数据资产盘点，构建涵盖数据主题域分组、组织架构分组、系统类型分组的电力公司统建系统、各分/子公司、各业务部门的统一数据资产目录，提供标准化的数据资产盘点、使用申请、批量销毁等在线管理流程，促进数据资产的有效管理和深化应用。

其中，供电企业打造集数据统一汇聚、处理、加工和服务于一体的企业级数据中台，具备全类型存储、全栈式计算、全场景支撑三大能力，统筹建立企业级统一数据模型，建设企业级数据资产目录和服务目录，发布共性服务数据集，实现数据"可见即可得"，更好地满足公司内外部数据共享和开放服务需求。发电企业构建数据采集平台，覆盖全数据源的数据适配接入、采集获取、传输交换的数据汇聚交换能力，为数据湖、数据中台提供数据获取能力支撑，基于业务价值链将数据划分为战略发展、业务运营、管理支持等领域，提炼可重复利用的高阶数据，抽象形成集团数据主题域框架，指导并应用于各类信息系统建设、数据指标要求及编码等相关工作。

4. 数据应用

电力企业十分注重数据分析能力的建设，结合政府、社会公众、行业和企业的数据分析需求，积极挖掘数据价值，通过对企业内外部数据进行统一加工，构建数据分析模型，形成服务政府科学决策、社会节能降耗、企业降本增效的数据分析结果，提供数据分析结果、数据服务接口、数据产品或数据服务平台等数据服务，持续创造数据价值，支撑企业数据战略和发展方向。

其中，供电企业围绕数据对外开放、大数据应用、能源大数据中心及数据增值服务，推动高价值大数据应用成果汇聚、共享和推广应用，建设以共享服务中心为核心的数据便捷共享、复用流程，充分发挥数据要素的放大、叠加、倍增效应，对内赋能电网转型升级、经营管理提升和客户服务优化，对外支撑业务创新发展和科学治理。发电企业探索大数据应用，实现企业电力营销管控大数据建模应用，充分发挥电力营销在集团一体化运营体系中的龙头牵引作用，促进能源生产，保障能源供给，推动企业高效运营。

5. 数据安全

为保证数据安全，实现数据资产有效保护和数据合规，电力企业在数字化转型过程中同步构建了安全防护体系，从管理措施、技防措施和支撑保障等方面固化标准流程和机制，明确数据安全分区防护架构，建立多级安全分析监控体系，落实数据分级保护和合规审计要求，有效防范数据安全风险，推动全生命周期数据安全防护。

其中，供电企业构建了多级安全防护体系，完善数据安全管理制度，开展分类分级、数据安全监测、审计、风险评估等工作，持续优化安全策略，强化数字化转型项目安全审查与数据全生命周期安全防护，为企业大数据发展和数据要素流通建立了坚实的数据保护"防线"。发电企业深入建设数据安全管理体系，持续推进数据资产的分类定级，针对数据全生命周期不同阶段落实匹配的管控措施和保护行为，强化日常数据安全监控，及时发现安全管理漏洞，强化内部安全审计活动，确保数据安全制度措施有效执行。

6. 数据质量

电力企业聚焦重点业务质量治理需求，推动数据质量管理工作常态化，建立横向协同企业内部业务部门、纵向联动总部—分/子公司的数据质量治理协同机制，构建了两级数据质量监测管理体系和技术体系，通过数据治理平台等数据质量管理工具，实现企业内部数据质量需求管理、质量检查、质量分析和提升的在线化、智能化，推动重点业务数据质量的全面监控。

其中，供电企业构建从数据产生、数据入湖到数据应用的全生命周期管理机制，遵循"以用促治、以用提质"理念，结合理方法、建机制、强体系的总体思路，完善形成与内部管理相适应的数据质量管理方法，推动信息系统功能改造，形成了覆盖"事前—事中—事后"的数据质量管理闭环，建立了全链路监测技术体系。同时多次举办数据质量管理国际峰会，研讨数据质量管理前沿技术，开展数据质量问题溯源分析技术研究。发电企业从实际管理需求出发，完善数据质量管理流程，通过质量管理"五步法"，明确数据质量定义、进行数据质量测量、开展数据质量分析、执行数据质量改进、强化数据质量控制，实现数据质量的管理闭环。

7. 数据标准

电力企业基本构建了企业级数据标准体系，形成了统一的业务术语、参考数据与主数据、指标数据等标准，确保企业内部数据流通共享一致，制定并发布相应的管理制度与标准规范，基本实现了数据标准从标准制定到优化提升的全过程管理。

其中，供电企业制定并发布相应的管理制度与标准规范，从数据标准和技术标准两方面制定了多领域标准规范，建立了定义标准、制定规范、推动贯标和考核评价全过程管理机制，通过量化评价机制，优化管理规范和管理流程。牵头推进成立能源行业电力数据标准化技术委员会，推动行业数据标准发展。发电企业定义并维护全产业的业务术语、主数据、指标数据、交易数据、生产数据等的数据格式标准及交换标准，形成对数据的统一理解和一致性约定，为系统建设提供规范化、标准化的依据，将数据标准总体能力划分为定标、贯标、核标3个步骤，从标准的制定、标准的开发与利用到标准应用情况的核查与检验等流程全面开展数据标准的体系化管理。

8. 数据生命周期

电力企业已基本建成企业级数据中台，构建了常态数据运营管控机制，对照数据需求、数据设计与开发、数据运维、数据退役的能力标准，实现对全生命周期的统筹管理、量化分析和持续改善，为数据安全、数据质量、数据应用等管理活动提供有力支撑。

其中，供电企业实现了从数据需求到数据退役的全过程打通，满足新产生的数据采集和数据使用需求，并通过服务级别协议量化了数据需求响应的服务评估指标。建立数据需求快速响应机制，满足数据需求方快速获取数据的诉求。发电企业在数据开发过程中建立了完善的检查机制，定期开展评审工作，确保数据需求、数据模型、数据标准、业务规则、数据集成等建设内容满足组织对数据开发的管理要求，依托数据仓库、数据湖、数据中台等平台工具建立统一的数据运维监控机制，逐步实现对不同数据的采集、处理、存储、迁移、数据备份等日常活动的监控。

五、电力企业数据管理能力成熟度评估现状

电力企业积极开展企业数据管理能力成熟度评估，在 DCMM 标准制定期间就积极参与标准内容的讨论与行业验证，并在 DCMM 评估工作起步阶段率先开展评估工作。截至 2022 年底，电力行业已有超过 40 家企业通过

了 DCMM 评估，成功获得工业和信息化部与中国电子信息行业联合会颁发的评估等级证书，行业平均得分在各行业中排名第二，充分体现出电力行业在数字化转型过程中取得的阶段性成果。

数据管理能力基线是以国家标准《数据管理能力成熟度评估模型》（GB/T 36073—2018）为依据，对国内各行业相关公司数据管理能力成熟度评估结果进行汇总而计算得出的数据管理能力平均水平，代表各行业数据管理发展的水平，可以帮助相关公司判断自身在行业中所处的位置。2022 年全行业数据管理水平基线和电力行业数据管理水平基线分别如图 3-4 和图 3-5 所示（数据基于 2022 年贯标的单位，具体的单位范围以中国电子信息行业联合会发布的公告为准）。

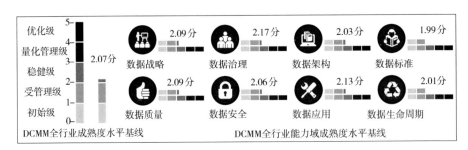

图 3-4   2022 年全行业数据管理水平基线

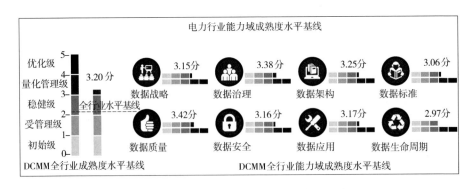

图 3-5   2022 年电力行业数据管理水平基线

在目前的 DCMM 评估中，企业获得优化级、量化管理级、稳健级、受管理级等评级分别占参加评估单位的 6%、38%、47%、9%，数据管理能力全行业平均水平为 2.07 分，其中电力行业 DCMM 平均分为 3.2 分，达到 DCMM 稳健级（三级）水平，远高于国内其他行业 DCMM 数据管理水平。电力行业相关企业在数据战略、数据治理、数据架构、数据质量等方面都开展了大量的工作。相对于其他行业来说，电力行业的数据治理组织、数据治理制度、数据模型、数据质量管理均处于较好水平。这主要是由于电力行业相关企业大多为集团化管理模式，总部层面统一制定数据管理战略、数据管理办法、数据架构、数据质量等相关的管理制度，各下属单位结合自身业务实际开展落地应用并按需开展优化。当然，根据分析也可以发现电力行业中的数据标准、数据生命周期管理等方面相对其他能力域依然有待提升，数据对外的变现已经得到了重视，但是相对通信行业依然有很大的提升空间。

具体企业方面，国家电网有限公司（以下简称"国家电网公司"）是国内第一家获评 DCMM 优化级的企业，中国南方电网有限责任公司（以下简称"南方电网公司"）是国内第一家集团化推动 DCMM 贯标的大型央企。电力相关企业还发布了以数据管理能力成熟度国家标准为基础的适配企业实际的数据管理能力成熟度标准，如国家能源投资集团有限责任公司（以下简称"国家能源集团"）以"筑体系、促三化"为目标，以数据管理能力成熟度国家标准为基础建立了"CHN-EDGF171"数据治理体系框架；南方电网公司发布了《南方电网公司数据资产管理行动计划》，以 DCMM 标准为基础制定了公司级数据管理体系，明确要求各公司落实推动 DCMM 标准的工作，推动数据治理体系化进程，其公司总部以 4.33 的高分获评 DCMM 评估最高等级优化级（五级），6 家分/子公司获评量化管理级

(四级），5家分/子公司相继获评稳健级（三级）。

总体而言，电力行业的数据管理能力处于稳步上升期。一方面，电力企业在数据管理方面普遍建立了企业级数据治理组织和制度，数据文化重视程度得到进一步提升，也广泛开展了体系化的人才培养；另一方面，电力企业以提升数据质量为抓手，推行数据认责和全生命周期数据质量管理，全面引入数据中台、数据底座、人工智能等现代技术，数据分析应用广泛赋能各业务领域，数据资产目录覆盖主要业务领域和场景。

六、案例公司 F 数据管理能力成熟度应用实践

1. 案例公司 F 的基本情况

案例公司 F 所属的某央企以"建设具有中国特色国际领先的能源互联网企业战略"为指引，以"驱动公司高质量发展和数字化转型"为目标，制定企业级数据发展战略，建立企业级数据管理标准体系，夯实数据目录、数据标准、数据共享开放、数据质量治理、数据安全合规等数据管理基础能力，建立企业级数据共享服务及创新应用平台，构建企业级高价值数据应用产品体系和能源大数据中心，激活数据要素的放大、叠加、倍增效应，打造创新、协同、高效、开放的数字生态，为公司数字化转型和能源革命奠定坚实的数据基础。

在总部的战略指引下，案例公司 F 围绕数据资产化、服务化及价值化的核心目标，积极推进数据管理体系建设、数据中台能力提升、数据价值创造及数据运营服务构建，已构建企业级数据中台。目前，数据中台已接入包括营销、设备、财务、物资在内的多个专业系统，涉及大量数据表，数据量达到 PB 级。

（1）数据管理思路

案例公司 F 以数据中台能力发展推动数据管理、数据服务、数据运营水平的提升。建成分析型和事务型融合数据引擎，形成数据与业务融合互动的数字生态。

2021—2023 年，建成以数据中台为核心的数据创新发展体系框架，数据服务能力适配业务发展需求，初步建成分析型与事务型融合数据引擎，建成以用户为中心的数据运营体系。

2023—2025 年，实现业务与数据的充分融合，数据管理能力成熟度达到优化级，全面建成分析型与事务型融合数据引擎，建立敏态响应的数据运营体系。

（2）组建数据管理团队

案例公司 F 建立了完整的数据管理组织体系。在公司本部层面设立数字化部、大数据中心等专业数据管理机构，各业务部门、下属单位均设立数据管理组织，形成"横向覆盖各专业、纵向贯通各层级"的组织架构。构建了完备的数据制度体系，发布了一系列覆盖各数据职能域的数据管理准则与办法，建立了组织级数据沟通机制，营造了良好的企业数据文化，形成了组织一体化、制度规范化、沟通多元化的数据治理体系。

（3）打造数据管理平台

案例公司 F 以应用需求为导向，沉淀共性数据服务能力，打造"数据可见、组件成熟、体系规范"的数据中台，向公司各专业、各下属单位和外部合作伙伴提供敏捷开放的数据分析和共享服务，提升公司智慧运营和新业务创新能力，全面支撑"三型两网、世界一流"的战略目标落地。重点提升数据资产管理能力、数据接入整合能力、数据共享分析能力、基础组件支撑能力，有效支撑营配贯通、多维精益管理、数字化审计、智慧供应链、基建全过程数字化等业务开展。

2. 数据战略层面

案例公司 F 遵循总部印发的《公司战略管理办法》，开展公司战略研究、制（修）订、实施、评估等全过程管理，制定公司"十四五"数字化规划，明确利益相关方职责。拟订"2020 年、2021 年、2022 年各批次项目清单、项目储备、投资计划的下达情况表"相关项目投资计划，整理相关项目储备清单及项目清单；定期评审相关项目的费用；落实《数据中台战略三年行动方案》《"数字 M 电"建设方案》《数据治理三年行动方案》战略工作；遵循总部"数字化转型项目后评估实施细则"对数字化后评估工作管理的规定，制定公司"十四五"数字化发展绩效评价指标，同时建立后评估系统，开展项目评估工作，并依据"数字化各项指标完成情况管控表"进行管理。案例公司 F 在战略落实过程中，通过与考核指标挂钩，严格把控战略落实。

案例公司 F 制定能反映整个组织业务发展需求的数据战略。

一是遵循总部印发的《战略管理办法》，研究制定本公司战略，在战略制定中明确公司发展战略纲要，体现公司战略的核心内容；在战略修订中根据公司内外部环境变化，组织开展公司发展战略纲要滚动修订工作；在战略实施中将公司战略贯彻落实到各项规划和计划中，确保公司战略落地；在战略评估中对公司各级单位贯彻落实公司战略、开展战略管理等工作情况进行分析评估。二是为顺应公司发展战略，组织编制并发布公司"十四五"数字化规划编制工作方案，明确数字化规划编制工作领导小组职责分工，分为工作准备、调研分析、报告编制、报告评审 4 个阶段开展编制工作。

（1）制定数据战略的管理制度和流程，明确利益相关方的职责，规范

数据战略的管理过程

遵循总部印发的《战略管理办法》及《数字化建设管理办法》，制定数据战略的管理制度和流程，明确公司本部是战略决策中心；公司发展部是战略工作的归口管理部门，负责战略管理工作的统筹、协调和指导，为公司战略决策提供支撑；公司各级单位是战略的执行主体；公司网络安全和数字化领导小组对公司电网数字化建设实行统一领导和管理，负责贯彻落实国家关于网络安全和数字化的方针政策，研究审议公司数字化发展战略、规划和重大项目建设方案，研究决策公司数字化工作中的重大事项；各下属单位专业管理部门负责提出相关业务应用需求。

（2）针对数据职能任务，建立系统完整的评估准则

一是遵循总部发布的《项目后评估规范》《数字化转型项目后评估实施细则》，规范和强化公司数字化后评估工作管理，明确职责分工及工作流程，结合当前数字化形势及建设需求，提升公司数字化规范管理和综合绩效水平，建立常态化工作机制；制定《2021 年度关键业绩指标评价标准》，从经营效益、运营效率、市场服务 3 个方面制定相关指标，评价企业负责人对于数据战略的落实情况。

二是通过后评估系统开展项目评估工作，并体现后评估过程；依据"数字化各项指标完成情况管控表"，通过与考核指标挂钩，严格把控数字化战略落实。

（3）在组织范围内，根据标准工作流程和方法建立数据管理和应用的相关业务标准

一是遵循总部发布的《数字化转型项目可行性研究工作管理办法》《数字化转型项目可行性研究编制与评审管理办法》等规定，在工作开展中明确了数据管理和应用建设的标准工作流程和方法，并按照要求严格

执行。

二是案例公司 F 根据数字化转型项目管理细则管理要求，组织相关专家评审并发布《数据运营平台（数据基础管理）—设计开发实施项目可行性研究报告的评审意见》《关于"用户敏感度监测分析系统应用"等 33 个专项（数字化类）项目经费估算的评审意见》，明确了数据管理和应用的建设标准和通过数字化手段开展后评估工作。

3. 数据治理层面

（1）管理层负责数据治理相关决策，参与数据管理相关工作

为确保"数字 M 电"建设方案的成功实施，案例公司 F 制定了由高层领导直接参与和监督的组织结构。在此结构中，该公司董事长担任领导小组组长，体现了项目的重要性和对高级领导承诺的依赖性；公司总经理则担任常务副组长，负责日常的项目监管和决策，确保各项任务的连续性和一致性；公司的其他高层领导担任副组长，展示了跨部门协作的重要性。领导小组的日常工作由数字化部承担，这不仅提升了决策效率，也强化了对数字化转型战略的专注。

领导小组成员还包括来自各关键部门和分/子公司的主要负责人，如交易中心、应急中心、营销服务中心等单位的主要负责人。这种广泛的代表性确保了各方面的需求都能被充分考虑，同时强化了跨专业和跨系统架构设计的协作。

领导小组的主要职责是指导"数字 M 电"建设方案的制定和执行，每两个月由常务副组长召集工作推进会，针对建设过程中的重大事项和出现的问题进行深入讨论和决策。这种定期的审查和调整机制是项目管理的关键，确保了各项工作的顺利进行，并及时应对可能出现的挑战。

通过这样的组织架构和运作模式，案例公司 F 展现了"一把手"工程

的实质，即通过顶层设计和领导的直接参与，为数字化转型的成功奠定坚实基础。

（2）在组织范围内明确统一的数据治理归口部门，负责组织协调各项数据职能工作

案例公司 F 按照总部重点工作任务安排，为有效提升公司数据质量水平，发挥数据作为生产要素的基础性作用，更好地服务业务应用和创新发展，深入开展数据质量整治"百日攻坚"等各专项行动，发掘整改核心业务系统数据质量问题，支撑公司重点专项工作和数据产品研发应用，不断推动公司数据高质量发展。通过各专项治理行动，协同多部门推动数据质量与数据整治技术研发应用，建立省、市两级多专业部门协同的数据质量管理机制，完善数据质量规则库，从多方面共同提升公司数据质量整治能力，有效支撑公司重点业务应用和数据产品研发，形成公司数据质量整治的最佳实践和典型案例。并在行动计划中明确了数字化部牵头、各业务部门配合的职责分工。

（3）建立复合型的数据团队，能覆盖管理、技术和运营等

一是案例公司 F 为贯彻 F 省委省政府"数字化转型"战略部署，落实公司"2426"发展思路，践行公司"双满意、创一流、数字化"要求，打造"数字 M 电"，推进公司数字化转型发展，全面推进企业级统筹，提升数据管理运营能力，成立能源大数据中心，具体开展数据资产的规划与管理、数据产品的策划与设计、产品平台的管理与运营、数据产品生态圈构建等工作；同时，进一步强化公司数字化架构设计与管控、数字化需求统筹与规划、数字化转型项目的前期策划与设计、信息系统深化应用域后评估等工作，编制并发布《案例公司 F 关于能源大数据中心实体化运作及内设机构调整的通知》，并在《关于大数据中心员工岗位配置的通知》中进

一步明确大数据中心的岗位配置。

二是案例公司 F 借鉴某通信运营商经验，成立了一支人员相对稳定的自主化数据运营团队。该运营团队分为核心团队和支撑团队。其中，核心团队由案例公司 F 信息通信研发部门牵头，经济研究部门、技术研究部门、营销服务部门及各地分/子公司及相应的支撑团队协同；运营团队下设数据运营组、数据应用组、数据产品组 3 个小组，负责数据规划、数据管理、数据应用（产品）设计研发、数据应用（产品）运营、平台运营等数据全生命周期管理与运营工作，编制《案例公司 F 数据运营团队构建工作思路》。

（4）在组织范围内建立制度框架，并制定数据政策

1）案例公司 F 为贯彻落实公司战略及发展思路，强化规章制度管理，在总部制度建设计划基础上，组织编制并发布《关于发布公司规章制度建设计划的通知》，明确公司规章制度管理工作重点，严格落实专业部门"管业务、定制度、抓执行、保落实"责任。强化制度宣贯培训，对于新发布制度，责任部门应在制度发布后 1 个月内完成宣贯培训，重要制度应依托网络大学等平台强化学习宣贯。专业部门应监督检查本部门职责范围内规章制度的执行情况，按照公司《规章制度评估管理办法》开展制度评估，注重分析制度存在的具体问题。

2）加强制度数字化建设。探索建设制度数字化管理模型，构建"业务制度化、制度流程化、流程信息化"制度主动执行保障机制，将制度流程嵌入系统，通过系统开展智能化诊断分析、评估和纠偏，避免发生规章制度之间冲突、落实不到位等问题，确保制度刚性执行。

3）深化以章程为统领的制度体系建设。以公司章程为统领，开展新型规章制度体系建设，通过制度推动党的领导与公司治理深度融合，全面

落实制度合法合规审查（审核）机制。适应公司数字化转型、改革发展需要，健全相关配套规章制度，持续提升传统业务制度化覆盖率、新兴业务规范化管理率。2021 年，案例公司 F 共计新建、修订制度 58 项，其中新建非通用制度实施细则 7 项、补充规章制度 23 项，修订非通用制度实施细则 16 项、补充规章制度 12 项。

（5）建立全面的数据管理和数据应用制度，覆盖各数据职能域的管理办法和细则，并以文件形式发布，保证数据职能工作的规范性和严肃性

1）案例公司 F 的制度计划全面贯彻落实公司确立的 7 方面重点工作。其中，落实重大部署相关制度计划 15 项，确保安全生产相关制度计划 5 项，加快电网发展相关制度计划 1 项，深化改革创新相关制度计划 16 项，提升经营质效相关制度计划 20 项，推动服务升级相关制度计划 3 项，强化党建引领相关制度计划 11 项。

2）案例公司 F 根据年度规章制度计划，制定并发布《数据管理办法实施细则》《数据管理准则》《数据对外开放管理办法》《数据安全管理细则》《数据质量管理细则》等数据管理制度。

4. 数据架构层面

（1）案例公司 F 编制组织级数据模型开发规范，指导组织级数据模型的开发和管理

1）参与总部组织的《统一数据模型与源端业务应用协同设计工作指南》编制工作，以营销 2.0 等项目建设与 SG-CIM 模型协同设计试点成果为基础，总结提炼模型设计应用典型步骤，规范物理模型遵从设计方法和规则，并进一步完善模型设计的组织方式、工作内容、设计方法及规范要求等内容，形成统一数据模型与源端业务应用协同设计工作指南，指导和规范统一数据模型在源端业务系统的落地应用工作。

依据总部印发的《统一数据模型与源端业务应用协同设计工作指南》完善通知，对模型规划内容进行完善，并对模型协同工作机制进行补充。数据模型是数字化转型的基础性工作，要以"协同设计、源头应用、机制建设"为重心，加强专业管理，持之以恒地以应用促完善，推进源端系统落地应用。建立协同和审查机制，提升模型设计服务项目建设的能力和水平。为了更好地指导源端业务系统基于统一数据模型开展系统设计和功能开发，落实业务应用物理模型遵从统一数据逻辑模型设计，确保统一数据模型在新增及大版本升级业务应用建设中的落地应用质量，特制定该工作指南。

2）案例公司 F 制定数据模型管控审查机制，管控数据模型开发管理。组织编制了《数据管理准则》，按照"统一规范"原则，新建数字化转型项目应全面应用公司统一数据模型、主数据和参考数据，做到公司数据标准统一。数据标准包括统一数据模型、主数据和参考数据等，数字化部应统一公司范围内对各类数据定义、业务规则和注释的理解，指导生成数据规范。规定了新增系统、业务应用应遵循公司统一数据信息模型，新增的数字化转型项目数据视图应符合公司数据模型要求。

为进一步规范信息系统建设、测试、上线、运维等各阶段工作，案例公司 F 组织修订了信息系统上下线管理实施细则。例如，以满足公司安全要求为底线，判断信息系统是否具备上线试运行的条件，包括数据遵从度、架构遵从度、运安符合度和功能满足度，其中数据遵从度要求信息系统业务数据模型不违反公司公共信息模型标准。

（2）案例公司 F 建立了组织级数据模型和系统级数据模型的映射关系，并根据系统的建设定期更新组织级的数据模型

一是参与总部模型更新完善工作。通过《公共数据模型管理办法》，

对模型的制/修订与发布管理做出规定，要求在新建信息系统或开展信息系统数据集成共享工作时，如已发布的公共数据模型标准未能完全覆盖所需的数据模型，应由业务应用系统建设实施单位协同公共数据模型设计单位提出数据模型的扩展需求，经数字化部和业务部门审定后发布及执行。

IEC 相关标准版本更新升级、业务应用系统数据共享融合需求变更发生后，模型设计单位要及时对公共数据模型进行修订，形成新的版本。

按照总部数字化建设总体工作安排，各下属单位须以统一数据模型设计成果为基础，组织制定统一数据模型应用和优化完善工作方案。案例公司 F 贯彻执行该工作方案，形成并发布了统一数据模型设计成果。

1）开展统一数据逻辑模型优化完善，补齐前期设计短板，实现公司核心业务和共性普遍需求全覆盖。

2）聚焦核心业务数据，完成统一数据物理模型基线版设计，作为数据中台共享层物理模型基础版本，为营配贯通优化提升、多维精益管理、网上电网等公司重点建设任务提供支撑。

3）开展案例公司 F 本部应用示范建设，形成可推广的数据中台模型落地应用方案。

4）建立总部—案例公司 F 本部两级模型完善、应用协同和服务支撑机制，确保问题处理和需求响应便捷迅速。

二是案例公司 F 建立数据模型标准遵从度审查机制。编制并印发《概要设计管理实施细则》，明确职责分工与工作流程，要求在概要设计评审中审查新建系统的模型遵从情况。

三是针对模型未覆盖的数据需求，案例公司 F 向总部提出修订请求。案例公司 F 根据本地业务建设情况，持续收集汇总模型新增实体需求，并向总部提出模型修订建议。

5. 数据应用层面

（1）案例公司 F 在组织级层面建设统一报表平台，整合报表资源，支持跨部门及部门内部的常规报表分析和数据接口开发

一是遵循总部印发的《公司数据管理办法》，明确分析应用类数据需求管理，涉及跨专业数据计算汇总的报表、指标等分析应用需求，原则上基于全业务统一数据中心和数据中台实现。分析应用类需求建设实施过程中，应按照"一源多用"的原则，开展数据需求审查，避免重复建设。

二是案例公司 F 顺应发展策略，开展企业级统一报表平台的建设。企业级协同报表工具是案例公司 F 自主研发的覆盖报表"设计—填报—发布—管理"全流程的协同报表工具，可通过多种模式接入数据源，实现报表定制化设计、多人在线协同填报、报表资源开放共享。采用零代码、组件拖拽的方式创建工作流程，降低用户使用门槛，真正实现基层减负。

三是案例公司 F 在总部的指导下，建立"指标、标签、报表"三中心，并不断深入拓展。指标中心，提供按专业、主题等维度展示、查询的指标资源服务，支撑各业务部门、基层单位的多级应用；标签中心，以业务驱动各类标签构建并按需嵌入业务流程，丰富标签场景应用，实现公司标签的统一管理、统一服务；报表中心，结合数字化班组、系统深化应用等工作，统筹一线需求，为各业务提供报表统计分析服务支撑，充分实现公司各层级报表共享，全面提升报表中心的易用性和应用广度。

（2）案例公司 F 成立了专门的数据分析团队，快速支撑各部门的数据分析需求

一是案例公司 F 成立数据分析团队。

1）案例公司 F 根据总部调整部分单位有关机构的通知文件，提出对信息通信研发部门机构职责进行调整的要求，信息通信研发部门成立数据

运营中心。数据运营中心负责牵头数据运营工作，具体开展数据挖掘分析、数据模型管控、数据产品构建、数据变现和统筹异动分析处置等工作，负责对接案例公司 F 本部数字化部和各业务部门数据处的相关事宜。

2）为贯彻 F 省委省政府"数字某省"的战略部署，案例公司 F 围绕"数据应用第一省"目标，以能源大数据中心为主体打造数据分析应用团队，对内服务公司战略、专业部门和基层单位，对外服务政府、企业和公众。①成立架构策划部门，负责全省数字化转型项目需求分析、前期策划和后评估，开展全省数字化规划。②成立数据管理部门，负责数据中台运营，管控数据全生命周期，开展数据需求分析、溯源、接入、清洗转换、服务构建和退役。③成立数据运营部门，负责开展公司战略执行、关键流程绩效、数字化转型核心指标全场景研判与运营；负责数据应用研发和运营；负责"指标、标签、报表"三中心运营；负责企业管理成效、发展成果、经营业绩、责任实践全景展示；负责智慧数说平台运营；负责数据创新中心运营；负责电网业务资源中台、客户服务中台等企业中台运营。④成立对外数据服务部门，负责能源大数据中心建设，开展品牌宣传；负责数据产品和服务的策划；负责数据产品需求对接、设计研发和售后服务；负责能源大数据中心门户运营。

二是数据分析团队快速支撑数据分析需求。

1）构建企业级协同报表工具。企业级协同报表工具以基层减负和流程优化为目标，遵循"业务驱动、急用先行、问题导向、迭代完善"的原则，以"业务指标为核心、数据为基础、运营为支撑"为建设思路，开展企业级协同报表工具建设，打造"报表开发自助化、数据分析多维化、使用场景多样化"的智能报表系统，支撑业务报表生成规范化、标准化、流程化、自动化，推动数据共享共用。

2）在服务基层单位快速构建数据应用时，制定了敏捷的需求响应机制。公司层面数据支撑机构负责统一受理各地市新增数据服务需求，组织数据运营团队对需求进行分析评估，根据服务构建难易程度反馈服务完成时间，原则上简单的需求 3 天内完成，复杂的需求 7 天内完成。负责新增服务构建与发布，根据需求内容组织相关技术人员开展数据溯源、数据接入、服务构建、服务封装等工作；服务构建完成后，组织数据运营团队对数据服务进行验证，确保服务正常可用后发布至运营平台数据超市中台分析层（数据服务）。

6. 数据安全层面

（1）案例公司 F 建立组织统一的数据安全标准与策略并正式发布

案例公司 F 根据《数据共享负面清单管理细则》和《数据管理准则》要求，推动公司内部数据充分共享，确保数据安全，充分发挥数据价值，数字化部按照"以共享为原则、不共享为例外"的原则，组织信息通信研发部门等相关部门开展年度数据共享负面清单梳理，涵盖公司12 个业务部门、74 套二级业务系统，实现了所有二级系统全覆盖，并制定和正式发布《公司数据共享负面清单》。

案例公司 F 依据总部下发的数据合规风险库开展日常工作，数据合规风险库包含合规风险名称、风险行为描述、责任或后果、风险等级、合规依据（国家政策、法律法规、监管规定、行业准则、其他等）、合规义务、风险控制措施等，聚焦公司重点业务、重点领域及关键环节，梳理数据合规数据范围，结合数据合规业务场景，从数据获取、数据存储、数据传输、数据加工、数据使用、数据交换等数据全生命周期进行管控。

案例公司 F 制定并发布了《数据安全管理细则》，建立数据安全全生命周期管理体系，对数据安全管理做出相关管理规定。数据安全管理是通过制定和实施相关安全策略和措施，确保数据在收集、传输、存储、处理、使用和销毁各环节的安全。按照"谁主管谁负责，谁运行谁负责，谁使用谁负责"的总体原则，明确职责分工，落实数据安全责任。

（2）组织对数据进行了全面的安全等级划分，每级数据的安全需求能够清晰定义，安全需求的责任部门明确

数据安全管理实施细则中明确数据分级与分类管理规定，明确了分类分级的原则，分为4个等级。其中，一级是国家政府部门、各级审计部门；二级是公司范围内；三级是本单位范围内；四级是外部商业企业、外部组织和个人。根据数据的敏感、涉密程度，定义数据分类等级为4类，其中A、B、C类为敏感、涉密数据。

A类：公司需保密的核心商业机密数据和信息，不适合内部共享和外部开放、传播。

B类：须履行一定审批手续，可内部共享或对外提供的数据。

C类：经本单位审批，可在公司内共享的数据或国家政府部门、各级审计部门查看的数据。

D类：不涉及任何商业机密、敏感数据或隐私数据，可公开的数据。

一级业务系统数据共享负面清单中明确了敏感信息所属部门及所属系统。

根据电力物联网数据安全分级保护要求，案例公司F结合企业分级标准开展数据分级工作，按照数据安全分级防护原则分为基本要求和增强要求。

（3）案例公司F在组织层面统一数据安全审计的流程、相关文档模板和规范，并征求利益相关方的意见

《数据安全管理细则》中明确了数据安全审计管理规定，各部门（单

位）应定期对数据安全管理措施、技术措施的执行和落实情况进行审计，必要时可以委托第三方机构执行相关审计。审计内容主要针对公司重要、敏感、核心数据在获取、存储、传输、处理、销毁过程中的合规性，包括相关管控机制是否落实到位、相关技术措施是否应用得当、相关访问权限是否合理规范、相关责任主体是否履行义务等。

案例公司 F 依据总部下发的《关于加强数据合规管理的指导意见》《数据合规风险库》《数据合规风险评估要点》等成果文件，对公司在运的各类系统及应用的个人信息、重要数据、企业秘密数据，从数据获取、存储、传输、加工、使用、交换、销毁等数据生命全过程的安全合规进行评估，分析 3 类数据在数据处理活动过程中因违反合规要求而产生的风险、风险可能造成的法律责任或不利后果，强化数据合规风险事前、事中、事后管控，提升公司数据安全合规管理能力，确保不发生数据合规风险事件。

7. 数据质量层面

（1）案例公司 F 将"数据质量满足业务的需要"融入数据生命周期管理的各个阶段

《数据质量管理细则》中规定了数据质量的度量规则，包括通用性规则和专用性规则两类。通用性规则通常为技术类或通用业务类指标，可适用于大多数业务场景，主要包括完整性、及时性、一致性等。专用性规则通常为业务类规则，适用于特定业务场景，用于校验数据的业务属性是否准确、合规，形成个性化、专用性规则，如资产性质与资产单位是否匹配等。

《线下质量规则库》主要为数据质量规则维度和核查 SQL 语句。对《数据质量规则库》不断校验完善后，下发给各个地市相关人员进行稽核并应用于实际业务。

《数据管理平台规则库截图》主要为数据质量稽查工具的规则库截图。通过平台，将数据质量规则固化在平台形成数据质量线上规则库，继而实现平台进行批量规则稽核校验功能，应用于日常业务数据质量稽核工作。

（2）案例公司F在组织层面统一开展数据质量校验，帮助数据管理人员及时发现各自的数据质量问题

1）制定数据质量校验管理办法。在《数据质量管理细则》中明确质量核查要求，数据质量核查主要包括源端录入核查、中台链路核查和应用核查。各业务部门作为数据的生产方，在数据录入环节根据质量规则组织开展数据质量核查，保障录入的数据质量合规、可信，并负责组织源端系统的功能改造，将质量核查步骤固化至录入流程。

2）制定数据质量校验工具解决数据质量问题。《运营平台-数据质量规则提报》在工具中配置数据质量核查规则，开展数据质量校验，发送至相关责任人进行处理。

《数据质量问题跟踪》是通过定期收集和分析数据质量出现问题的原因，督促各系统人员发现问题、解决问题。

3）明确新建项目各个阶段数据质量的检查点、检查模板，强化新建项目数据质量检查管理。案例公司F制定了各个阶段数据质量检查点的管理制度，在《公司数字化架构管理办法》中明确数字化架构是从业务、应用、数据、技术、安全5个方面定义的数字化顶层设计，实现公司战略和数字化的有效衔接，建立业务与数字化技术的统一规范和共同语言。根据其表述对象的层级，数字化架构分为总体架构和系统架构。

（3）案例公司F建立组织层面的数据质量提升管理制度，明确数据质量提升方案的构成

1）制定和实施数据质量管理制度。为提升数据质量管理的系统性和

可持续性，《数据质量管理细则》明确区分了日常和专项数据质量问题的处理方式。首先，各业务部门必须对照所负责的数据质量问题制订具体的数据整治计划。这些计划应包括对应用系统的改造、数据的直接整改及必要的业务流程调整。其次，在实施过程中，各部门需要组织专门团队负责数据质量整治工作，针对发现的问题制定并执行改进方案。

2）明确数据质量提升方案。案例公司 F 发布的《年度数据治理方案》强调，数据治理是一场既要迅速突破也要长期坚持的"战争"。成立由案例公司本部和基层单位人员组成的业务技术攻关团队，共同面对数据治理的挑战，相关层级责任机制也在方案的第四章中得到明确，以确保数据质量持续提升。

在执行《关于开展数据质量整治"百日攻坚"专项行动的通知》中，案例公司 F 将数据管理行动计划作为引领，专注于提升数据资产质量的核心目标，支持公司的业务应用和数据产品研发。该行动坚持"谁产生、谁负责"和"谁采集、谁负责"的原则，通过在数据源头、数据中台、数据应用 3 个层面的整治，快速提升数据质量，确保数据的可用性、易用性和实用性。

3）增加监控和反馈机制。为确保以上措施得以有效实施和持续改进，案例公司 F 按月发布数据质量运营监测月报。这些月报不仅提供了数据质量整治的进展和成效分析，还能及时发现和解决新出现的问题，从而保持数据治理工作的动态优化和透明度。

8. 数据标准层面

（1）案例公司 F 实现组织级的参考数据和主数据的统一管理

1）遵循《企业级主数据通用管理办法》，总部数字化部是主数据标准制定和管理体系建设的归口管理部门，组织制定企业级主数据标准与管理规范，同时规定了主数据新增、修订、运维和应用等管理流程，实现组织级的主数据的统一管理。

2）遵循《公司参考数据管理办法》，明确了参考数据相关的职责与分工，案例公司 F 以数字化部作为公司参考数据的归口管理部门，同时明确了参考数据标准新增与变更流程、参考数据应用流程，实现组织级参考数据的统一管理。

（2）案例公司 F 根据组织的业务战略、外部监管需求建立统一的指标框架

1）依据《运营监测中心顶层指标体系分册》，从综合绩效、核心资源、运营状况 3 个运营核心要素出发，结合外部监管和政策环境、经济环境、技术环境等方面制定统一指标框架。

2）建立《对标指标体系》，以服务战略落地、紧扣中心工作为原则。紧紧围绕公司战略目标，紧扣安全生产、提质增效、改革创新等中心工作，构建体系框架，优化指标设置，服务公司战略目标的落地实施，支撑公司重点工作的全面推进。从"具有中国特色""国际领先""能源互联网" 3 个方面，构建案例公司 F 本部《对标指标体系》框架。

（3）案例公司 F 在组织层面建立指标数据标准，包括指标维度、公式、口径、描述等

1）发布了《关于修订数据标准管理细则的通知》，明确指标数据包含指标名称、口径、维度、计算公式、定义等相关内容。

2）建立指标中心和指标数据标准库，员工可登录指标中心查看指标的编码、名称、类型、计算单位、统计周期、计算公式、指标描述、所属单位、业务部门等信息。

9. 数据生命周期方面

（1）案例公司 F 建立组织级的数据需求收集、验证和汇总的标准流程，并遵循和执行

1）在数据共享开放需求管理方面，案例公司 F 编制并发布《数据共享开放管理细则》，明确了数据需求的具体职责分工。建立了数据需求收集、验证和汇总的标准流程，将流程划分为需求受理、需求分析与初审、保密合规审核、数据归口审核、签订合同（协议）、提供服务 6 个标准流程并遵从执行。

2）在数据应用需求方面，案例公司 F 在《数据应用管理细则》中明确了数字化部的主要职责，包括对目录、管理体系、应用需求进行统筹评审等，依据需求来源和重要/紧急程度不同分为定期常态型、灵活快速型和迭代更新型 3 种类型分类开展需求管理。

3）在数字化转型项目需求管理方面，案例公司 F 制定了《数字化转型项目可行性研究工作管理办法》，明确要求从数字化转型项目可行性研究阶段强化需求管理，在可行性研究论证、评审、批复等全过程加强数据需求管理工作。

案例公司 F 制定并发布《数字化全过程统筹管理实施细则》，明确项目需求管理基本流程。数字化部依据公司要求编制《年度电网数字化重点项目储备指南》，并依据该指南开展需求征集工作。

各部门主要负责人审核签字后，报送至数字化部汇总。数字化部按批次组织评审专家组进行需求评审，出具评审意见。数字化部根据评审意见形成评审纪要，确定年度数字化转型项目需求清单，经数字领导小组办公室审批后，报公司数字化部进行需求统筹，依据公司数字化部统筹结果开展项目储备等后续事宜。

建设案例公司 F 数字化转型项目管理平台，对各业务系统的数据进行归集、合并、统一，将数字化转型项目各阶段的项目信息进行统筹跟踪管理，简化原有上线相关流程，增强统计报表内容，提升可视化项目分析管理，进一步提高数字化专业项目管理水平。

（2）案例公司 F 建立组织级数据设计和开发标准流程并执行

1）明确了数据应用产品开发的基本流程。案例公司 F 制定并发布《数据应用管理细则》，就公司数据应用需求库、储备库、研发库和产品库四库全过程管理工作提出规范性要求。

2）明确了信息系统设计开发的基本流程。根据总部《信息系统设计管理细则》，明确了公司信息系统设计从概要设计开始，并对概要设计、详细设计的编制及管理做出了详细规定。

3）明确了数字化转型项目过程中数据设计与开发的基本流程。案例公司 F 在《数字化全过程统筹管理实施细则》中明确了数据设计与开发的基本流程从规划蓝图开始、到建设实施归档结束的基本流程，并对流程提出了相关统筹原则，对各部门职责进行了分工。案例公司 F《数字化转型项目概要设计管理实施细则》对概要设计的编制、管理、详细流程及规范提出了严格要求。

（3）案例公司 F 建立组织级数据提供方管理流程和标准并执行

1）在内部数据提供方管理方面，案例公司 F 负责梳理和制定公司数据中台相关业务应用需求及业务应用建设目标，统一组织研究并确定相关业务流程及业务需求，基于公司发展趋势，结合公司现状，构建公司数据中台运营体系及规章制度体系，并推进数据中台相关业务应用深化。

案例公司 F 根据计划制定数据中台日常数据接入与运维运营方案，且严格按照相关标准落实操作。

2）在外部数据提供方管理方面，案例公司 F 为改变过去对外部数据仅是单纯展示的做法，提高外部数据应用效能，实现内外部数据紧密结合、贯通应用的场景，通过建设统一的、可多维度下钻分析、数据质量可靠的指标数据平台，以实现外部数据的充分利用及链接纳管，展现公司管理成果、深挖存在问题、提出改善措施，进一步增强公司上下的执行力。

外部数据的汇聚，涉及利益主体多，相关标准也不健全，是一项复杂的系统性工程，需要机制先行，针对不同外部数据制定差异化接入策略。案例公司 F 从多方面管控外部数据接入，主要体现在：在《能源大数据中心建设工作方案》中明确了各政府部门有关数据接入职责、完成时间；成立能源大数据中心建设工作组，建立数据汇聚机制，统一协调数据接入相关工作；组建能源大数据中心专家委员会，制定能源和政务数据汇聚标准，有序建设能源大数据产业生态。

（4）案例公司 F 全面收集组织内部业务部门和外部监管部门数据退役需求

1）按照总部信息系统"瘦身健体"的工作要求，根据公司信息系统上下线管理制度，明确了系统下线相关的数据退役场景。案例公司 F 数字化部印发年度信息系统"瘦身健体"工作方案，明确了信息系统"瘦身健体"工作要求。新系统上线或扩容，应考虑资源复用，制订同一系统老旧版本的下线或腾退计划。系统下线前，由运行维护单位对系统下线进行风险评估并开展具体实施，并根据业务部门要求对应用程序和数据进行备份及迁移工作，由公司信息调度部门备案。系统下线后应同步完成资源回收及系统相关材料的归档备查工作。

2）基于案例公司 F 云及数据中台资源利用效率提升专项工作要求，明确了冷数据清退的数据退役场景。案例公司 F 制定并发布数据中台资源利用效率提升工作方案，结合本单位实际情况，开展资源现状分析、资源优化完善和常态运营提升工作。

3）根据总部数据全局存储和备份策略研究工作相关要求，案例公司F编制了《数据全局存储和备份策略研究及试点验证工作方案》，明确提出围绕公司中台化改造程度较高的业务应用和相关企业中台，制定公司业务中台、数据中台数据使用热度分类标准；明确各类数据使用规范、存储方式及备份策略，理清业务中台和数据中台存储界面，完成企业中台数据全局存储优化和备份策略设计并落地验证，形成可推广的试点验证成果。

案例公司F作为试点单位，以数据运营管理为核心，开展数据中台资源现状分析、资源优化完善和常态运营提升，提升资源利用效率。以企业中台云存储组件为单元，通过组件元数据的深化应用，获取数据使用热度指标数据；结合数据类型、更新频率、性能需求等方面要求，综合设计资源利用效率评价体系，形成各组件单元资源效率评价；根据现有的数据存储和备份策略，按不同资源效率评价执行资源优化措施，开展策略验证工作；随策略执行，验证发现的问题，迭代更新策略配置，更新机制。

外部合规监管需求方面，根据国家法律法规要求，由总部编制数据合规指导意见，明确数据合规管理职责与重点领域数据合规管理要求，确保数据收集、传输、存储、加工、使用、内部共享、对外开放、销毁等环节合规，促进数据依法合规使用，维护公司合法权益，支撑公司战略目标实现。

案例公司F在数字化转型项目管理方面的成功，不但体现了其在应对当今快速变化的数字化时代中的前瞻性和创新性，而且展示了其在实现高效、可持续发展方面的坚定决心。通过一系列深入且具体的措施，包括成熟度评估、技术创新应用、人才培养及跨部门合作等，案例公司F成功地构建了一个牢固的数字化基础设施，为企业的长远发展奠定了坚实的基础。

案例公司 F 的数字化转型项目管理成功案例为电力行业乃至其他行业的企业提供了宝贵的经验和启示，通过对数字化转型的持续投入和精心管理，能够有效提升业务流程效率、增强市场竞争力，并最终实现业务模式的创新和转型。更重要的是，案例公司 F 的成功实践展示了如何在快速发展的数字经济中保持敏捷性和适应性，确保企业能够在不断变化的市场环境中稳健成长。

总之，案例公司 F 在数字化转型项目管理中的成功实践，不仅使其在电力系统获得了领先地位，也为其他企业探索自身的数字化之路提供了宝贵的借鉴和重要的参考。

后　记

当前是一个充满挑战和机遇的时代。以 ChatGPT、Sora 等为代表的人工智能技术突破性的发展为各行业的数字化转型带来了深刻的变革，利用"大云物移智"数字化技术改变传统经营模式，对企业发展起到了至关重要的作用。数据蕴含巨大价值，已成为重要的战略资源，日益对全球生产、流通、分配、消费活动及经济运行机制、社会生活方式乃至国家治理产生重要影响。

在撰写《数字化转型项目管理实践与创新》一书的过程中，我们感受到了数字化转型的力量。数字化转型不仅是一场技术的革新，更是一场商业和文化的全面变革。本书通过深入分析案例公司 F 等电力行业企业的成功案例，揭示了在这一转型过程中，创新的项目管理实践如何成为企业实现目标、提升竞争力和保持市场领先地位的关键。

书中阐明了数据管理能力成熟度评估的重要性，以及如何通过应用《数据管理能力成熟度评估模型》等工具指导和改进企业的数字化进程。通过应用这些工具，企业不仅能更好地认识自身数据管理的能力和状态，还能更好地识别改进的领域，从而制定更有效的策略和行动计划。

数字化转型不是一个直线形的旅程，而是一个需要不断学习、调整和创新的过程。成功的数字化转型需要全面考虑技术、人员、流程和文化等多方面的因素，并采用系统化的方法管理这一复杂的变革过程。本书旨在为读者提供借鉴和灵感，希望帮助读者理解数字化转型的重要性，更重要的是掌握将其转化为实践的方法和策略。

正如案例公司 F 的做法和成效所示，通过创新的项目管理实践和深思熟虑的战略规划，任何组织都可以积极面对数字化转型的挑战，从而实现其宏伟的商业目标。随着技术的不断进步和市场环境的持续变化，掌握和应用这些知识变得越来越重要。

希望所有的读者，无论是企业领导者、项目经理，还是对数字化转型感兴趣的个人，都能够采取行动，以实践和创新的精神，推动自己和所在组织的数字化转型之旅。让我们一起探索和创造数字化的未来，为我们的组织和社会带来持续的增长和繁荣。

参 考 文 献

［1］Project Management Institute. 项目管理知识体系指南（PMBOK®指南）：第七版
［M］. 北京：电子工业出版社，2024.

［2］全国信息技术标准化技术委员会. 数据管理能力成熟度评估模型：GB/T 36073—
2018［S］. 2018.

［3］中关村信息技术和实体经济融合发展联盟. 数字化转型 成熟度模型：T/AIITRE
10004—2023［S］. 2023.

［4］国家市场监督管理总局，国家标准化管理委员会. 信息化和工业化融合 数字化转
型价值效益参考模型：GB/T 23011—2022［S］. 2022.

［5］北京国信数字化转型技术研究院. 数字化转型 新型能力体系建设指南：T/AIITRE
20001—2020［S］. 北京：清华大学出版社，2020.

［6］DAMA 国际. DAMA 数据管理知识体系指南（原书第 2 版）［M］. DAMA 中国分
会翻译组，译. 北京：机械工业出版社，2020.

［7］约翰·拉德利. 数据治理：如何设计、开展和保持有效的数据治理计划［M］. 刘
晨，车春雷，宾军志，译. 北京：清华大学出版社，2021.

［8］新华三大学. 数字化转型之路［M］. 北京：机械工业出版社，2019.

［9］中国科学院科技战略咨询研究院课题组. 产业数字化转型：战略与实践［M］. 北
京：机械工业出版社，2020.

［10］国家能源局. 电力数据管理能力成熟度评估模型：DT/T 2460—2021［S］. 2021.

［11］哈罗德·科兹纳. 项目管理 计划、进度和控制的系统方法［M］. 杨爱华，王丽
珍，译. 北京：电子工业出版社，2024.

［12］Project Management Institute. 过程组：实践指南［M］. 北京：电子工业出版
社，2023.